lonely planet

口袋指南

斯里兰卡

必游景点 · 本地体验 · 轻松出发

Pocket

本书作者
瑞安·维尔·贝克摩斯(Ryan Ver Berkmoes)
斯图尔特·巴特勒(Stuart Butler)
伊恩·斯图尔特(Iain Stewart)

中国地图出版社

本书特色

轻松计划行程

全方位了解目的地，
助你规划精彩行程

行前参考
贴心提示让旅途
更轻松

斯里兰卡最佳
多彩榜单助你快速
了解目的地亮点

探索斯里兰卡

分区域介绍
最佳看点和活动

顶级景点
不可错过的精彩

当地生活
体验原汁原味的
目的地

生存指南

实用建议
令你上路无忧

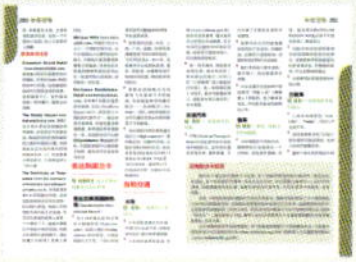

当地交通
像本地人一样四通八达

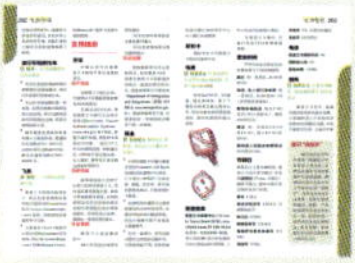

实用信息
包括住宿推荐在内的
详尽贴士

特别呈现

作者的优选内容
让旅行体验更深入

最佳步行游览
双脚丈量斯里兰卡的
经典线路

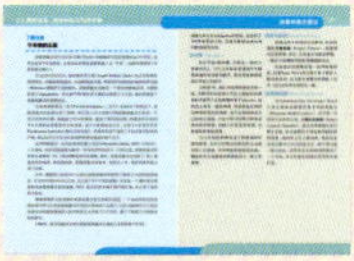

了解灰页
丰富生动的文化背景
知识

通过下列符号找到该区域的最佳选择：

- 景点和活动
- 就餐
- 饮品
- 娱乐
- 购物

下列符号所代表的都是重要信息：

电话号码	适合家庭
营业时间	允许携带宠物
停车场	巴士
禁止吸烟	轮渡
上网	地铁
无线网络	地铁
素食菜品	有轨电车
英语菜单	火车

地图标识助你快速找到需要的信息：

Lonely Planet《斯里兰卡》

Lonely Planet口袋指南专为希望轻松深入目的地的你而精心打造。

在书中，你会找到斯里兰卡所有的必游景点，独家的建议也会让你的旅程更加难忘。我们将斯里兰卡划分成几个合理的区域，并通过清晰的地图让你便捷、迅速地找到所有地点。我们的资深作者通过实地调研，为你呈现出本地精华所在，例如佛教寺庙、海滩、餐饮和购物。若你还想探索更多，我们的“当地生活”章节将为你推荐不为人知的精彩路线，深入体验原汁原味的斯里兰卡。

另外，书中的各类实用信息也能令你的旅程更加轻松顺利。短途的游览路线、当地交通，甚至在漫长而疲惫的一日游览过后，你需要给你的服务生多少小费，在这本小书中均有提及。

Lonely Planet《斯里兰卡》将是你在旅途中获得美妙体验的保证。

我们的承诺

我们的工作就是让你拥有高品质的旅程。在写作每一版指南之前，孤独星球的作者都会实地考察、亲身体验。请放心，我们一贯实事求是，从不接受他人馈赠而为之宣传。

生存指南 197

特别呈现

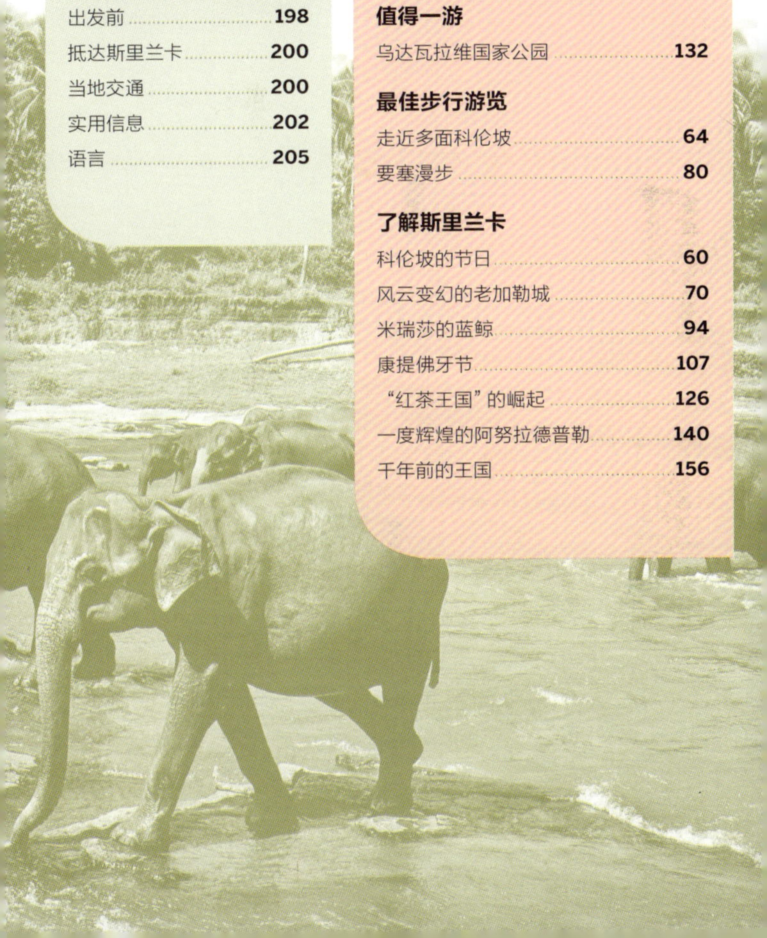

轻松计划行程

欢迎来斯里兰卡

如果你有一个古城墙脚下晶莹海水的梦境，斯里兰卡就是圆梦的地方。数百年的殖民历史给这里留下了深刻的烙印，东西方元素融合的建筑让今日的斯里兰卡魅力倍增。棕榈树下的沙滩是耀眼的白色，而绵延在山谷间的茶园绿意盎然。北部大片的历史遗址和宗教古迹群充满传奇的故事，你可以花几天时间沉浸在两千年前的时光里，再转向广袤的群山和野性十足的国家公园，把自己交给大自然。而当地人的真诚总会触动你的内心，他们用微笑欢迎你的到来。

加勒的海滩（66页）

视觉中国 提供

斯里兰卡
顶级体验

非凡的加勒要塞（见68页）

这件美妙的艺术品是人类与大自然合力创造的——荷兰人建造了街道和楼宇，斯里兰卡人赋予它们色彩与风格，大自然又为这些建筑披上一层热带植物的外衣。呼吸着混合了大海味道的湿润空气，令你陷入无限遐想之中。

山地火车（见116页）

车窗外的泰米尔采茶女穿着五颜六色的丝质纱丽，点缀着绿色的茶树海；车厢内，友善的人们羞涩地向你微笑，小贩叫卖着水果和零食。耳边是火车咯噔咯噔的声音，眼前是如画美景，口中是地道的辣椒玉米油炸饼，火车很慢，时间很快。

绝妙的海滩（见84页）

对很多人来说，提到斯里兰卡就想到海滩，沙滩上随风摇曳的棕榈树伴随着重重白浪，温柔地抚弄着沐风戏水的人们。这里的沙滩有的悠然而静谧，有的拥有最活跃的派对氛围。无论你钟爱哪种，斯里兰卡沙滩的美丽绝对是百闻不如一见。

高耸的狮子岩（见148页）

狮子岩堪称绝妙又耐人寻味的博物馆。高达370米的巨岩上有亘古遗迹，内藏艺术珍品。池塘和蜿蜒的人造溪流灌溉着山下的水上花园。爬上岩石之巅吧，那壮丽的风景对得起你攀登时的每一滴汗水。

乌达瓦拉维国家公园（见132页）

这片广阔的稀树草原是斯里兰卡看起来最像东非的地方。在这里，你能看到成群的水牛、水鹿、鳄鱼，还有数不清的鸟儿和大象。说实话，就大象的数量和规模而言，乌达瓦拉维甚至超越了东非许多著名的国家公园。

古老的阿努拉德普勒

（见136页）

这片3平方公里的土地上汇集了众多文化和宗教古迹。有着2000多年树龄的圣菩提树和无数的庙宇、舍利塔一起承载着厚重的信仰，见证了斯里兰卡权力中心绵延千年的兴盛没落。骑着自行车穿越这迷人的时光隧道中，着实是一种激动人心的经历。

亚当山朝圣（见120页）

一千多年以来，朝圣者们为了追随佛陀的足迹长途跋涉，借着烛光爬上亚当山。今天，你也可以加入朝圣者的队伍，在黎明前登上山顶，立于巨岩之巅，看晨曦的微光缓缓点亮群山。

殖民时期的遗迹
（见44页）

数个世纪的殖民史给斯里兰卡留下了众多殖民建筑和深厚的殖民文化。当今科伦坡的街道宽阔，绿树成荫，殖民时期的建筑仍然流露着帝国之风。到新修复的要塞区转一转，风格各异的建筑会让你意犹未尽。

贾夫纳半岛（见164页）

在北部的贾夫纳，一切都与众不同。人们的相貌和服装、泰米尔风味的菜肴、高耸的印度教神庙，在阳光的映衬下，似乎连大海与密林的色彩都分外浓郁。租一辆自行车，尽情享受这别具一格的风情吧。

视觉中国 提供

霍顿平原与世界尽头
（见118页）

晨雾缭绕的黎明时分，在水鹿与猴子的注视下穿过这片广袤荒原，是斯里兰卡最具诱惑力的徒步体验。当你来到世界尽头，把群山与海岸一眼看尽，便能理解“成就感爆表”的含义。

视觉中国 提供

波隆纳鲁沃的建筑群
（见152页）

这些刻有复杂雕饰的建筑物如巨大的棋子排列在广阔的四方草地周围，它们平易近人地向游客们展示着千年前王国中心的模样。在日出或日落时分，古迹沐浴在玫瑰色的浪漫光晕里，分外妖娆。

视觉中国 提供

康提佛牙寺（见100页）

对僧伽罗人来说，这是整个斯里兰卡最神圣的地方。与虔诚的信徒们一起朝拜装有佛牙舍利的佛龛后，在寺庙周边的古老街区和湖边散步，便能体会康提“文化之都”的魅力。

斯里兰卡最佳
佛教寺庙

无论在文化上还是政治上，佛教都在斯里兰卡占据着重要地位，是僧伽罗人的信仰系统和精神支柱。斯里兰卡的文学、艺术和建筑都深受佛教影响，也在佛教中体现。公元前3世纪，天爱帝须王（Devanampiya Tissa）在米欣特莱接受了佛祖的点化，佛教开始在斯里兰卡生根。如今，在斯里兰卡这座小岛上，历经2000多年历史的佛教寺庙随处可见。找个节庆之日来游览寺庙将是一次非同寻常的经历。

甘珈拉马雅寺 是科伦坡常年举办隆重庆典的几座庙宇之一。（56页）

佛牙寺 寺中保存着佛牙舍利，是斯里兰卡佛教的心脏和灵魂，也是当地信徒一生中至少要来一次的圣地。（100页）

圣菩提树 据记载，这是世界上尚存的人类所种植树木中最古老的一棵树，位于阿努拉德普勒的中心地带。（139页）

米欣特莱 据说是佛教最早传入斯里兰卡的地方。你可以拾级而上，直达位于山巅的庙宇。（144页）

石窟寺 这里有5个石洞和近150幅佛像画作，是斯里兰卡最重要和最令人回味的宗教艺术。（159页）

加尔寺 寺内的4座佛像形象生动，代表了僧伽罗王国最高超的岩石雕刻技艺。（157页）

纳加迪帕 斯里兰卡最北端一个小岛上的小庙宇。传说佛祖曾经到过这里。（176页）

视觉中国 提供

☑ 独家贴士

▸参观斯里兰卡寺庙有严格的着装要求，除了上装过肘、下装过膝外，穿着白色服装更能表达你的尊重。进入寺庙范围一律要摘帽和赤足。白天，在被阳光烤得火热和并不光滑的地砖上走路着实难受，你可以穿双袜子保护双脚。切记不要背对着佛像。

斯里兰卡最佳 茶叶种植园

斯里兰卡的山区曾是遍布灌木的原始丛林，19世纪，英国殖民者把茶叶种植带到了这里。温和的气候和适中的海拔让茶树在此落地生根，如今斯里兰卡成为世界第四大产茶国。

许多茶叶种植园和工厂都开放参观。在这里，你可以亲眼看到闻名遐迩的英式红茶的制作过程，他们大多延续了自19世纪以来形成的工艺和技术。另外，你也可以在茶厂自营的商店买到品质极好的茶叶，价格也算公道。

视觉中国 提供

锡兰茶叶博物馆 康提附近的茶叶博物馆由斯里兰卡茶叶协会和茶叶种植者协会修缮，可作为参观山区茶园的第一站。(106页)

丹巴特尼茶叶工厂 这是由茶叶大亨托马斯·立顿爵士在1890年建立的。除了见识茶叶制作，包括发酵、揉碾、干燥、切断、过滤的各个流程，还可以学习如何鉴别茶叶。(130页)

恒达格达茶叶公司 这片精致的茶叶种植园位于斯里兰卡南部，生产的茶叶超过25种，并以名贵的处女白茶著称。种植园的庄主Herman Gunaratne也是岛内制茶业的传奇人物之一。

佩德罗茶庄 你知道自己早上喝的英式红茶是怎么制作出来的吗？去佩德罗茶庄看看吧。这里至今仍保留着19世纪的制茶工艺。(125页)

值得一游 深入茶叶种植园

在斯里兰卡山地的茶园地区也可以开展多种形式的远足、徒步或骑行活动。户外运动与茶园观赏两不误，还能深入田间，看看采茶工人的生活。以下是我们最喜欢的4种：

步行3公里，从佩德罗茶庄到情人峡瀑布。(125页)

步行4.5公里，穿过葱绿的茶园和山峰，到达埃拉附近的小亚当峰。(128页)

步行7公里，到达哈普塔勒附近的山峰最高点——立顿之椅。(130页)

骑行10公里，从努沃勒埃利耶到拉布科勒茶厂。(125页)

斯里兰卡最佳
动物观赏点

斯里兰卡是南亚最适合观赏野生动物的国家之一。这个岛屿也许面积不大，但野生动物的种类及其栖息地的丰富程度完全能媲美那些比它国土面积大得多的国家。就算你没有观赏野生动物的兴趣，也会情不自禁地被这里壮观的象群、庞大的鲸鱼、行踪缥缈的锡兰豹、成群的海豚、绚丽多彩的鸟儿以及穿梭在礁石间似彩虹般绚丽的鱼群所吸引。

斯里兰卡有众多国家公园、保护区和能组织游猎的旅行社，让每一个人——从热忱的大自然拥趸到兴致寥寥的匆匆游客——都掏出望远镜，最大限度地享受斯里兰卡让人着迷的野生动物资源。

哺乳动物

最珍贵也最难得一遇的，莫过于独居且喜好夜行的锡兰豹，它是斯里兰卡生物圈中最高级的猎食者。这里还有食腐肉的亚洲胡狼，长着长毛的懒熊，跟黄鼠狼有亲戚关系的麝猫等。比较常见的是体形庞大的亚洲象，支着獠牙的斯里兰卡野猪，以及长着鬃毛的水鹿和带有白色斑点的印度梅花鹿。至于在树上跳来跳去、成群结队的各种猴子，就更是无处不在。

鸟类

与亚洲大陆远远相隔，典型的热带气候和多种多样的栖息地使斯里兰卡鸟类资源的丰富程度令人惊异。这里有超过400种鸟类，其中26种是斯里兰卡独有的，另外一些也只能在临近的南印度找到。斯里兰卡有198种候鸟，大多数在8月至次年4月栖息在这里。涉禽（如矶鹞、鸻等）是长途迁徙的王者，它们是从北极冻土带的繁殖地一路飞到斯里兰卡的。

视觉中国 提供

☑ 独家贴士

▸一般来说，最适宜观赏野生动物的时间是每年的11月至次年4月，与当地旅游旺季重合。在这个时间段，斯里兰卡的大型国家公园都向游人开放，而干燥的气候也驱使动物们聚集在水源地附近，方便游人找到它们的踪迹（在2月至4月初尤甚）。如果你在5月至10月的西南季风期来到斯里兰卡，那就去东部或古城附近的国家公园吧。

在乌达瓦拉维国家公园观大象（132页）

最佳野生动物观赏点

亚拉国家公园 这里吸引着许多钟爱拥有性感花纹的大型猫科动物的人们。亚拉国家公园内的锡兰豹寻游之旅会是你旅程中的亮点之一。（96页）

乌达瓦拉维国家公园 如果你想看野生大象，没有什么地方比乌达瓦拉维国家公园更容易如愿以偿了。（132页）

米内瑞亚国家公园 这里极负盛名的“集合点”（the Gathering）非常适合观赏大象等野生动物，最多时有超过400头大象齐聚于此，颇为壮观。（161页）

最佳观鸟点

本达拉国家公园 在这片62平方公里的土地上栖息着200多种鸟类，其中许多鸟是8月至次年4月从西伯利亚和印度的库奇莱恩飞来过冬的。专食蜂类的蜂虎和丑得让人难忘的钳嘴鹳都能看到，大型的火烈鸟也常在这里出没。（96页）

辛哈拉贾森林保护区 这是斯里兰卡仅存的茂盛山地雨林，也是观鸟者的梦想之地。这里的鸟类种类尤其丰富：记录在册的就有160种，而斯里兰卡特有的20种鸟中有18种都在此栖息。（133页）

乌达瓦德克雷保护区 这片森林有着高大的树木、种类繁多的鸟类和调皮的猴子。虽然规模不大，但它从康提市中心步行15分钟即可抵达。（108页）

斯里兰卡最佳 徒步地

对于爱好徒步的旅行者来说，斯里兰卡地势起伏的中部地区让人兴奋。这里有连绵的山脉、翠绿的茶园、密集的瀑布和丰富的动植物资源，漫步其中让人心情愉悦。若不想长距离远足，城市中也有不少散步的好去处。比如，沿康提湖东南部的Rajapihilla Mawatha往上走，可以欣赏更棒的康提湖景和周围山丘的景色；或是在绿树成荫的科伦坡，从肉桂花园熙熙攘攘的街巷一路闲逛到加勒菲斯绿地。

视觉中国提供

霍顿平原国家公园 是斯里兰卡极少数可以让游客自由步行（须按照规定的路线）的国家公园之一，园内多条徒步线路都是亲近自然的好途径。（118页）

埃拉 是个适合走路的地方，到达小亚当峰（128页）的路线比较轻松且标识明确，去埃拉岩石（128页）的路比较艰苦，需要找向导陪同，但风景也更好。

加勒 走遍城墙内的大街小巷后，登上Rumma-saala和平舍利塔，把加勒要塞、海湾和港口景色收入眼底。（66页）

戈尔韦兰国家公园 是斯里兰卡最新，离城市最近的国家公园。在两公里长的步道上，你将拥抱一场温和又充满激情的冒险。（126页）

亚当山 破晓的片刻是亚当山最震撼的时刻，因此艰苦的行程通常要从半夜开始，看不到尽头的台阶对膝盖是一项巨大的挑战。（120页）

值得一游
那克尔兹山脉（Knuckles Range）

位于康提东部、形似拳头的山远比你想象中更值得游览。由于雨水充沛、植被茂盛，极其适合徒步旅行或者观鸟。在山区，这里不仅是摆脱游客浪潮的最佳选择之一，还能带来斯里兰卡最令人激动的远足体验。你可以在康提的斯里兰卡徒步协会（109页）了解情况。再次强调，如果打算来这里徒步，必须做好充分的准备，并请一位经验丰富而博学的向导。

斯里兰卡最佳 海滩

如果可以从空中俯瞰斯里兰卡，你会看到银色海滩如同耀眼的项链将整个岛屿环绕起来。沿着斯里兰卡的海岸线漫步，随处都是棕榈树下碧海银沙的画面。更妙的是，许多海滩都几乎空无一人。

斯里兰卡西部和南部的海滩是开发最完善的，尤其在南部，一流的住宿环境、从潜水到日光浴再到冲浪等各种有趣的活动——毫无疑问地成为热爱海滩的背包客们的首选。东海岸的海滩正在崛起，但完善程度远不及南部。至于斯里兰卡北部，拥有一片只属于你自己的海滩完全可以成为现实。

芒特拉维尼亚 可以算是科伦坡郊区氛围最好的一片海滩了。游泳可能差点意思，但你可以在海滩上的餐厅来一顿海景大餐，海鲜、西餐、饮品应有尽有。（59页）

丛林海滩 与加勒城堡相对的丛林海滩海水清澈、沙质细腻，却人迹寥寥，你可以从游客爆满的乌纳瓦图纳过来喘口气。（75页）

雷卡瓦海滩 这一片棕榈树、热带花卉和红树林伴随的海滩，引来了海龟，也引来喜爱寂静的旅行者。（85页）

亭可马里 这道东海岸的美丽海滩曾是内战时期的前线。独特的地理位置使得这里安静而自然。（184页）

穆奈沙滩 这片因2004年海啸遭到严重破坏的沙滩已面目一新。洁白的沙滩不远处就能看到珊瑚礁，另一侧则是独特的潟湖风景。（166页）

视觉中国 提供

☑ 独家贴士

- 大部分斯里兰卡人仍然非常保守。在南部和西部的海岸边，当地人已经习惯了外国旅行者的到来以及他们身上穿着的紧身泳装。然而在东部和北部，哪怕穿着保守的连体泳衣，也会招来一些让人不舒服的目光。在这些地方，女士最好不要单独出行，如果下水，要穿上T恤或平角裤，以免冒犯他人。

斯里兰卡最佳水上活动

从丰富的潜水、冲浪胜地到令人兴奋的赏鲸、观海豚之旅，斯里兰卡的海岸不负众望，让你大开眼界。只要你找准时间，这里一年四季都可以进行水上运动，观赏鲸豚的季节与潜水、冲浪的最佳季节一致——东部和北部在4~10月，西部和南部则在11月至次年3月。

视觉中国 提供

潜水和浮潜

沿着海岸线（除了最北端）遍布各类潜水学校，想租到深潜装备并不困难。斯里兰卡拥有几乎所有的印度洋热带鱼类，所以在浮潜和深潜时，看鱼的机会要多于看珊瑚礁。有些地方也可以进行沉船潜水。

观赏鲸豚

斯里兰卡正迅速地成为世界级的观鲸目的地。吸引旅行者前来的，正是蓝鲸这一世界上最大的生物。米瑞莎是最适合赏鲸的地方。东海岸的赏鲸环境更安静，不过不能保证一定能看到鲸鱼。而西北部的卡尔皮蒂耶地区是一处热门赏鲸胜地，尽管成群的海豚似乎比鲸鱼还要多。

冲浪、风筝冲浪和帆板冲浪

斯里兰卡的浪头质量比马尔代夫或印度尼西亚差得多，大多数冲浪点离海岸都很近，因此非常适合冲浪初学者。西部的卡尔皮蒂耶地区是远近闻名的南亚最好的风筝冲浪点之一，这里有不少船只租借点和资深的风筝冲浪学校。最北部的玛纳尔岛以及贾夫纳附近的小岛倒是更具有进行帆板冲浪的潜力，而且目前那里游客仍然较少。

最佳鲸豚观赏点

米瑞莎 在斯里兰卡的海岸沿线都能看见鲸鱼，不过哪里都比不上米瑞莎。在那儿，你可以看到蓝鲸飞溅起水花，游过唐佳角。（94页）

卡尔皮蒂耶 这里经常能看到成群的海豚在近海水域嬉戏玩耍，在11月到次年3月期间甚至多达成百上千只。（182页）

亭可马里 从亭可马里出海观看鲸鱼和海豚也很受欢迎。尊者石被海洋学家们称为世界上最适宜观看蓝鲸的地方，最好的观看时间是每年的2月到11月（6~9月最佳）。抹香鲸也会经常出现。（185页）

黑可杜瓦的绿海龟（192页）

最佳潜水和浮潜点

鸽子岛国家公园 这里有着水晶般的海水，浅浅的珊瑚礁，五颜六色的鱼儿。无论是浮潜还是深潜都非常合适。另外，亭可马里附近的尊者石和Irak-kandy的沉船残骸也是不错的潜水点。（186页）

卡尔皮蒂耶 坐落在半岛西北角几海里外的酒吧礁拥有远古的礁石群，在这里能看到大量的鱼类和海豚，甚至是鲸鱼。不过，这里是潜水老手的地盘。（182页）

乌纳瓦图纳 在乌纳瓦图纳附近有几处有趣的沉船潜水点，也可以进行礁石探险或洞穴探险。沉船包括Lord Nelson——一艘大约10年前沉没的货船，还有一艘33米长的Rangoon号位于乌纳瓦图纳南部1小时车程的海域。（91页）

最佳冲浪、风筝冲浪和帆板冲浪点

卡尔皮蒂耶 得益于附近恒定强风的影响，卡尔皮蒂耶被广泛认为是南亚最好的风筝冲浪的地区，你可以来这里试试与海豚一起随波浪起舞。（182页）

迷迪伽玛 迷迪伽玛是斯里兰卡数十年如一日的冲浪者家园，懒人滩的海浪比较平缓，是个起步的好地方。东边的卡巴拉纳海滩近岸激浪保持不断。（95页）

值得一游

把目光转移到斯里兰卡的东海岸吧。拜蒂克洛沉没着在1942年被日本击沉的英国航母竞技神号。你可以在**Sri Lanka Diving Tours**（☎077 061 5205; www.srilanka-divingtours.com; 3月至9月）上为期5天的沉船潜水特长课程。这附近也有岩石潜水点供普通潜水者活动。

阿鲁甘湾被认为是斯里兰卡最著名的冲浪地点，从4月到10月，许多人专为冲浪而来。这里十余个冲浪点适合各种水平的冲浪者，当地众多的冲浪店都能组织授课。

斯里兰卡最佳
文化遗迹

在斯里兰卡，联合国教科文组织认证了8项世界文化遗产。对于一个小岛来说，这里可谓地小物博。除了下列6个历史文化遗迹，还包括辛哈拉贾森林保护区（133页）和中央高地这两个片区。片区内的多个动植物保护区对斯里兰卡的生物多样性和生态系统起着十分重要的保护作用。

视觉中国 提供

阿努拉德普勒 在公元前380年成为斯里兰卡的首都，阿努拉德普勒见证了斯里兰卡1000多年的兴衰荣辱。作为最早的佛教圣地，中国僧人法显也曾在此修行。（136页）

波隆纳鲁沃 800年前，王权以波隆纳鲁沃为中心，统治了斯里兰卡的中部平原。它曾作为朱罗王朝（Chola）和僧伽罗王国的首都长达3个世纪。（152页）

加勒要塞 与阿努拉德普勒和波隆纳鲁沃这两座古城不同的是，加勒要塞仍然鲜活。这里不单拥有坚实美丽的外表，城市里的行人来来往往，空气中充满了活力和忙碌的气息。（68页）

丹布勒石窟寺 据说从公元前1世纪起，这个洞穴就已成为人们祈福的地方。2000年前，佛的形象最先在这里被创造出来，后来的国王陆续派人对岩洞艺术作品进行添补和修饰，直至今日。（159页）

狮子岩 几个世纪以来，这些自然形成的洞穴和凸起的岩石，经过了无数次的开凿和改建。人们认为狮子岩应该是史前时代留下的。14世纪之后，这片建筑就被废弃了。直至1898年才被重新发现，并于1907年做了进一步的挖掘。（148页）

康提 是康提王国最后的首都，佛牙寺的主体就建于17~18世纪，它曾是康提皇家园林的一部分。如今，这里的皇城与庙宇依然是斯里兰卡的文化中心。（100页）

斯里兰卡最佳 城市公园

在喧闹的城市中心和周边，总有几处花木繁盛、环境宜人的绿地或湖泊，是当地人的休闲宝地。情侣们在这里谈情说爱，孩子们在这里嬉戏玩耍，小贩们支起食品摊施展手艺。在周末，不少家庭集体出动，在这里散步、运动、野餐，享受天伦之乐。你不妨也来走走，如果热情的斯里兰卡人邀请你加入他们的活动，别害羞，这是体验当地人生活的最好机会。

视觉中国 提供

加勒菲斯绿地 这片背朝金融中心的摩天大楼、面朝大海的狭长绿地是科伦坡人最喜爱的公园。若是傍晚来到这里，还能欣赏日落和晚霞。（49页）

维哈拉马哈德维公园 是科伦坡最大的公园，葱茏的公园里有步道、长椅、佛像、小型游乐场，也可以租自行车游览。园内不时有成群的大型鸟类光顾，露天的小舞台晚上有小型演出。（49页）

康提湖 沿湖散步赏心悦目，累了就在湖边的长椅小憩。要是带着孩子一起，还可以到东岸的小型游乐园玩会儿。（102页）

佩拉德尼亚皇家植物园 要是知道这里曾经是康提王国的皇家植物园，你便可以想象它的规模和美丽。除了观赏造型奇异的热带植物，遮天蔽日的树木能让你在暑热中感到一丝凉爽。（108页）

格雷戈里湖 你可以在沿湖的步道漫步，也可以租一艘船在湖中游玩，看四周的群山在雾中若隐若现。到湖景餐厅喝杯咖啡也很享受。（125页）

维多利亚公园 据说是南亚地区最漂亮、养护得最精致的小镇公园。尤其在春夏花木繁盛的时候，在这里散步十分享受。公园里还有一些儿童游乐设施。（125页）

斯里兰卡最佳 养生体验

如果斯里兰卡几个世纪的历史让你感到一丝沉重，那么，你也许愿意在这里的阿育吠陀中心或禅修中心彻底地放松身心。阿育吠陀（Ayurveda，读音为eye-your-veda）中心通常包括瑜伽课程和水疗服务，你可以花几个小时到数日的时间在这里休养身体。也可以去禅修中心，试着来一场短期、平和的心灵修行。

阿育吠陀

2500年前，南亚次大陆的居民就已享受到阿育吠陀疗法的疗效。不仅是使用天然药物来治疗疾病，阿育吠陀更是基于身体系统平衡的理念，采用草药、饮食治疗和瑜伽呼吸来达到效果。

如今，到斯里兰卡体验阿育吠陀治疗已成为吸引旅游的因素之一，这里的阿育吠陀“医院”有数百家之多。尽管许多治疗地享有良好的国际声誉，大多数地方都有具备资质的阿育吠陀医生，但有一些阿育吠陀中心的水准仍然很低。按摩油可能只是普通的椰子油，按摩师可能也不够格，甚至在许多情况下都是性工作者。这种情况在背包客聚集的热门城市尤为多见。你应该向当地人打探，关于在这些地方的哪家阿育吠陀医院更值得信任，并要求看一下医生的资格证书。尽量不要光顾廉价的按摩中心。我们收到过来自女性读者关于阿育吠陀治疗从业者性骚扰的一些投诉。通常来说，阿育吠陀治疗中不可由男性为女性提供按摩服务，反之亦然。

视觉中国 提供

☑ 独家贴士

▶由于当地信奉佛教，斯里兰卡也有不少禅修（内观）中心。禅修是洞察和发现自身内在能量的一种方法，如今这种古老的修行方式在世界各地的年轻人群中越来越流行起来。

阿育吠陀疗法使用的药物

最佳阿育吠陀与瑜伽中心

Spa Ceylon 在科伦坡奢华地养生，享受全方位的阿育吠陀疗程。（54页）

Yoga with Asiri Asiri先生为人热情，他开办的这家瑜伽中心也大受欢迎。（91页）

Sanctuary Spa 在乌纳瓦图纳精疲力竭地游了一天泳后，你可以来这里做个长长的休整，找回身体内部的平衡。（91页）

Amaya Hills 康提附近的一座豪华度假村中的阿育吠陀中心，你可以花1天时间来这里好好享受一把。（109页）

最佳禅修中心

Kanduboda Siyane Meditation 是科伦坡附近规模较大的禅修中心，免费提供食宿，训练期为3周起。（56页方框）

Nilambe Buddhist Meditation Centre 每天都开设3天至5天的短期冥想课程，但需要提前2周预订。（110页方框）

值得一游

西海岸是阿育吠陀长期治疗的集中地，其中巴鲁维拉北部地区有一些阿育吠陀度假村值得推荐：**Barberyn Reef Ayurveda Resort**（☎034 227 6036；www.barberynresorts.com；Beruwela；全食宿75/125欧元起，强制性的阿育吠陀疗法70欧元/天）有先进的医疗设备以及优秀的医生。**Heritance Ayurveda Maha Gedara**（☎034 555 5000；www.heritancehotels.com；Beruwela；食宿全包185美元起）很好地传承了一流的治疗体验。

斯里兰卡最佳 餐饮

只要你善于尝试和发掘，就会发现斯里兰卡的美食不止炒饼、咖喱和炒饭这么单调。在这座古老的"香料之岛"，每一道料理都融合了丰富的味道。新鲜的食材融合了东西方饮食的传统烹饪方法。无论是街边小店的米饭咖喱店，还是海滨餐馆的时令海鲜，都可以成为一种愉悦的享受。

视觉中国 提供

米饭和咖喱

在斯里兰卡，随便一家当地餐馆都能吃到米饭和咖喱。上菜时，用各种香料烹制的不同菜肴会分装在各个小碟中，与米饭共同呈上。食材包括蔬菜、肉类或鱼，多搭配酸辣酱和桑波(sambol，一种加了辣椒后磨碎的佐料)作为调料。通常还有印度薄饼。几乎所有咖喱的原料都以椰汁为基础，还有辣椒、姜黄、肉桂、小豆蔻、香菜等香料。

常见食品释义

Kotthu 将切碎的煎饼面包、蔬菜和调料放在一起炒。

Paratha 一种在铁板上煎制而成的馅饼。在贾夫纳可以买到芒果馅的，非常美味。

Vadai 用扁豆面粉油炸的环形小点心。

Coconut Rotti 街边小摊上才能买到的迷你烤面包，当地人喜欢撒上辣椒盐吃。

Samosa 通常填着用香料烹制的蔬菜馅料的小点心。

Hoppers 如同小碗形状的煎饼，以米粉、椰子汁以及棕榈酒为原料。

Dosas 由大米面糊制作而成的像纸一样薄的饼，通常会塞着加了香料的蔬菜一起吃。

Kola kanda 由大米、椰子、绿色蔬菜和香草做成的营养粥。

Biryanis 在巴斯马蒂香米里加入大量姜黄、大蒜和小豆蔻，通常还有鸡块或羊肉块。

Mallung 用切碎的绿叶蔬菜、椰子肉和洋葱碎末做成的沙拉。

Wattalappam 加了粗黄糖(jaggery)和小豆蔻的椰汁鸡蛋布丁。

Pittu 以面粉和椰子为原料，放在竹筒里蒸制而成的圆柱形蛋糕。

斯里兰卡的海鲜

最佳海鲜

Ministry of Crab 科伦坡。老荷兰医院里的海鲜餐厅。（55页）

Elita Restaurant 加勒。在这里欣赏灯塔美景，品味海鲜美味。（76页）

Sunrise Seafood Restaurant 乌纳瓦图纳。在海滨餐厅里边吃当地的大螃蟹，边欣赏浪漫的海景。（92页）

Bu Ba 科伦坡。在芒特拉维尼亚海滩享受烛光美餐。（59页）

最佳当地风味

Fortaleza 加勒。在历史悠久的要塞区品尝西餐和斯里兰卡美食。（76页）

Hill Club 努沃勒埃利耶。一家风格经典宏大的餐厅，在这儿可以品尝英式菜肴，还可以去相邻的台球室消遣。（127页）

The Sanctuary at Tissawewa 阿努拉德普勒。在英国总督旧居内品尝精致佳肴。（144页）

Mangos 贾夫纳。在北部地区品尝地道的泰米尔菜肴。（173页）

最佳西餐和咖啡厅

Royal Dutch Cafe 加勒。在优雅的廊柱结构咖啡馆中，品一口香茗，呷一杯咖啡，或是美餐一顿。（77页）

Hansa Coffee 科伦坡。这里的咖啡产自一个知名的庄园，可以称得上是科伦坡最好的咖啡。（60页）

Barefoot Garden Cafe 科伦坡。画廊中的时尚庭院式咖啡馆。（58页）

最佳茶点

Ceylon Tea Moments 科伦坡。一家高档茶叶商场，出售特色茶叶。（59页）

T-Lounge 科伦坡。位于地标性建筑楼中，环境舒适，适合品茶。（54页）

格兰德茶点 努沃勒埃利耶。丰盛的茶点自助餐，每天下午准时见。（127页）

斯里兰卡最佳 殖民建筑

视觉中国提供

斯里兰卡于1948年赶走了最后的英国殖民者，获得了国家独立。然而，数百年的殖民统治留下的遗产根深蒂固，并造成深远的影响。荷兰人、葡萄牙人、英国人先后在这里兴建了城墙要塞、政府大楼、医院、教堂和运河水道等公共设施。这些建筑有的仍然保持着当时的模样，有的在粉刷或重建后焕然一新，它们与当地传统建筑混搭在一起，成就了今天斯里兰卡的城市面貌。

科伦坡 老荷兰医院仅仅是首都众多殖民时期优秀建筑中的一幢，国家博物馆是一幢旧英式风格的楼宇。要塞区17世纪宏大的古建筑群重新修缮后风采更甚，吸引着各国旅行者纷至沓来。（45页）

尼甘布 比起斯里兰卡的其他地方，荷兰人在这里尤其展现了他们对运河的热爱。此外，在荷兰时期的要塞中有些建筑现在仍在使用。（180页）

加勒要塞 曾经脏乱的街道上铺设了新的路石，重修后的荷兰医院等古建筑沿街耸立。当夕阳映照在荷兰人建造的加勒要塞城墙时，历史的气息也从地下渗透出来，弥漫在你周围。（68页）

努沃勒埃利耶 这里被斯里兰卡旅游业内人士称为“小英格兰”。来到斯里兰卡最著名的避暑胜地，住进历史悠久的大饭店，你会感到王权统治的岁月浮现在你的眼前。（125页）

亭可马里 自葡萄牙人在17世纪占领这里以后，这座城市的统治者已经换了好几拨。雄踞咽喉要道的弗雷德里克要塞被驻军一次次地重建，至今你还可以在门洞上找到英国皇家标志。（184页）

贾夫纳 尽管已被战争毁坏，19世纪的家庭住宅和葡萄牙时期的教堂却仍然散布在这座城市的郊外。（171页）

斯里兰卡最佳 节庆

斯里兰卡的节庆活动非常丰富。从1月到12月，几乎每月都有大型庆祝活动。大多数节日都跟宗教有关。其中康提佛牙节是斯里兰卡最壮观也最著名的节日。每年2月4日的国家独立日举国欢庆，游行、烟火表演、体育活动等各种庆祝活动此起彼伏，每月一次的波耶日假期虽然让景区和交通拥堵不堪，但此时也不失为体验当地生活的好机会。

康提佛牙节 是人们在叶塞拉月（7月/8月）举行的整整10天的庆祝活动的高潮部分。节日期间人们举行盛大的游行来膜拜佛牙舍利，这个活动的准备工作从7月底就开始了。（107页）

佛诞节 在5月的波耶日，这个为期两天的假日是用来纪念佛陀的诞生、顿悟和涅槃的。节日期间信仰佛教的家家户户都会在门前点亮纸灯笼，科伦坡的夜晚万紫千红。（60页）

杜佳莎皮拉赫啦 这个活动于1月的波耶日，在科伦坡的凯拉尼亚皇家大庙（Kelaniya Raja Maha Vihara）举行，是仅次于康提佛牙节的大型庆祝活动。（60页）

亚当山朝圣 朝圣季从12月开始，直到次年的4月中旬才结束。所有宗教信仰的信徒（包括零星的旅行者）都会爬上埃拉附近的亚当山。（121页）

纳鲁尔节 在7月到8月长达25天的盛大印度教节日期间，贾夫纳的纳鲁尔坎达司瓦姆神庙（Nallur Kandaswamy Kovil）是活动的中心地带。（172页）

视觉中国提供

☑ 独家贴士

▶每个波耶日（Poya，满月日）都是一个假期。此时各地的公交车、火车、宗教圣地和住宿统统爆满，若逢周一和周五尤甚。波耶日不得售卖酒类，一些机构也会关门歇业。值得一提的是，因为通常会以满月的确切时刻记入宗教日历，所以波耶日会比我们在正常日历上看到的要早或者晚几天。

斯里兰卡最佳 购物

斯里兰卡以其种类繁多的农产品著称，锡兰茶是其中的明星，还有大把你叫不出名字的香料。在大多数城市和旅游城镇都可以找到Laksala纪念品商店，这个商店由官方运营，商品质量不错。此外，科伦坡和加勒新开了不少收藏品店和精品商店，大量的传统手工艺品和日益增多的本地设计师的作品也让人惊喜连连。但即便如此，人们也不会错过那些拥挤、杂乱的传统市场，那里才是“原味”的斯里兰卡。当然，你得注意小偷和骗子。

视觉中国 提供

☑ 独家贴士

▶除非是在明码标价的商店里购物，否则一定要讲价。在去市场之前，先去明码标价的店里看看价位的情况。通常来说，把别人的报价对半砍。卖家会慢慢向你的提价靠拢，最后的成交价格会比原价的一半高些。可以尝试讲价，还要有洞察力。有时候，可能你费了半天口舌就只省下1美元而已。

茶叶

中部山区有数十个茶叶种植园，其中不少都开放参观和免费品茶，茶厂自营的商店价格通常比较公道。在机场、商场和超市也可以买到诸多包装精美的红茶，最受欢迎的是Dilmah和Mlesna两个品牌，价格很便宜，Dilmah所有商品均在包装上明码标价。

宝石

在斯里兰卡，你能看到许多宝石展示厅和私人卖家。在宝石城拉特纳普勒（Ratnapura），似乎每个人都是兼职的宝石交易商。你的挑战跟在世界其他地方是一样的：你要确保你买的不是一文不值的玻璃。避免陷入骗局的最好方法就是不要买。

最佳购物区域

科伦坡 首都当然是个购物的好去处，而且好得令人出乎意料。这里有大量风格独特的设计师的精品店、画廊，更有一切你想到的或者想不到的商品陈列在市场中，价格也十分让人心动。（62页）

尼甘布 魅力十足却又斑驳残破的尼甘布镇中心人潮汹涌，满是前来购物的斯里兰卡本地人。本地海滩沿岸遍布着卖旅游纪念品的商店。（180页）

科伦坡的水果蔬菜市场

加勒 精致的小画廊、独立品牌服装店和精品小店，使加勒成为购物者探索和着迷的地方。（78页）

山区 在茶园和茶厂，你可以买到别无他处可寻的品质极好的红茶，价格也算公道。（131页）

最佳市场

贝塔区集市 当世界上许多地方全力打造大型现代购物中心时，科伦坡位于贝塔区的集市仍以拥挤不堪的货物和混乱无序的状况而闻名。（53页）

尼甘布鱼市 这里有来自印度洋和尼甘布咸水湖里的各种鲜活的海产品。（181页）

荷兰市场 市场本身已有300多年的历史，它实际上处于一个庞大的市场群中，周边还有一连串集市、商铺街和小吃店，可以多预备点时间。（75页）

最佳创意小店

Barefoot 店内的家具、文具和手工艺品色彩艳丽、设计新颖，恐怕你又要与选择困难症做斗争了。（78页）

Paradise Road 这家独具个性的精品店有许多殖民时期的藏品和斯里兰卡当地的藏品。（62页）

Shoba Display Gallery 这家商店教当地妇女学习濒临失传的手艺，并以合理的价格收购她们制作的产品。你可以在这里看到甚至学习蕾丝制品的制作过程。（73页）

值得一游

香料是斯里兰卡菜肴和阿育吠陀疗法中的必需品，若想了解或购买，可以先参观一下香料园。位于马塔勒（Matale）和丹布勒之间的A9高速公路沿途，有超过30个这样的香料园。任何一家香料园里的英语导游都会解释草药、香料的功能和健康价值，然后通过出售成品来获取利润。这里的商品有些物有所值，有些则是漫天要价，你可以默默记下香料的名字，到市场去购买。

斯里兰卡
当地生活

带你体验原汁原味的斯里兰卡

获得各种“顶级体验”之余，到市场与小贩讨价还价，在火爆的路边摊品尝小吃，看一场特色歌舞表演，或走进传统的手工艺店铺，都可以更深入地了解斯里兰卡当地的风土人情。

时髦中的传统（48页）

- 绿地
- 市集

一个世纪以前，科伦坡中部的肉桂花园区曾被肉桂种植园覆盖。而今，优雅的林荫道边矗立着时髦的建筑、大使馆、有个性的咖啡馆和小店以及一批博物馆和画廊。克鲁皮提亚区则被商店挤得满满当当。你可以在这里好好逛逛，随时可能碰到传统的手工艺品店和地道的当地小吃。维哈拉马哈德维公园、南贝拉湖和加勒菲斯绿地都是科伦坡人传统的家庭聚会地，你也可以在水边与当地居民一起漫步，看看他们的孩子在这片绿地上赛跑嬉戏。

多元的要塞生活（72页）

- 收藏品
- 手工艺

迎来送往一批批的旅行者，加勒要塞里的生活依然宁静。当地人在古老的殖民建筑中生活工作，老人在悠然自若地读书看报，孩子们在城墙下的海滩嬉戏玩耍。慢节奏的生活与要塞之外的加勒判若两城。这里独特的气质吸引了来自世界各地的设计师、艺术家、厨师和手工艺人前来定居，他们的到来又为要塞增添了文艺浪漫的元素。流连于街巷之间，你便能感受到殖民文化的印记和现代生活的声色。

灵动的康提湖（102页）

- 餐饮
- 购物

在“文化之都”和“佛教圣地”的头衔之外，康提也有生动的一面。风驰电掣的三轮摩托、走街串巷的小贩、繁忙的公共汽车站和生意兴隆的餐厅，都传递着一股属于城市的嘈杂劲儿。奔放的康提舞者穿着独特又精致的服装，用快速旋转的舞步舞出了城市的动感和灵气。当地人也许比较内敛或害羞，但从不吝惜在你面前（或镜头前）展现笑容。

视觉中国提供

在康提佛牙寺领取祭品的信徒

康提的舞者

像当地人一样感受斯里兰卡，你还可以去这些地方：

坎杜博拉禅修中心（56页）

高蹺渔夫看不看？（75页）

海边漫步（91页）

把美食带回家（92页）

在康提体验禅修（110页）

康提的舞者和鼓手（112页）

骑车穿行茶园（125页）

全天候的茶园生活（129页）

斯里兰卡
旅行线路

4天

对斯里兰卡的历史和宗教遗迹感兴趣，就去北部的"文化三角"。第1天到丹布勒，参观**石窟寺**（159页）里的岩洞和壁画。接着去离这里不远的**狮子岩**（148页）。第2天和第3天分别游览**波隆纳鲁沃**（152页）和**阿努拉德普勒**（134页）这两个历史遗迹公园，第4天返回科伦坡。

想看看斯里兰卡的茶叶种植园和山地景观，就去中部。第1天从机场直接乘班车前往**康提**（98页），游览佛牙寺和康提湖。第2天乘火车到哈普塔勒，参观**丹巴特尼茶叶工厂**和**立顿之椅**（130页方框）后到努沃勒埃利耶。第3天在**努沃勒埃利耶**（125页）城市周边游览，晚上住到达尔豪西。第4天凌晨登顶**亚当山**（120页）后，返回科伦坡。

若想体验斯里兰卡的海滩和野性，就一路往南。第1天直奔**提萨玛哈拉玛**（96页），在城市里逛逛。第2天一早前往**亚拉国家公园**（96页）与野生动物面对面，下午回**加勒**（66页）逛古城。第3天一早去**米瑞莎**（93页）看蓝鲸，然后在**乌纳瓦图纳**（91页）的海边发呆。第4天返回科伦坡。

7天

第1天，游览**科伦坡**（42页），在要塞区和贝塔区欣赏殖民时期的遗风和宗教胜迹，然后参观国家博物馆和周边的公园，傍晚到加勒菲斯绿地等待黄昏。第2天前往**康提**（98页），在佛牙寺和康提湖周边游览。

第3天中午到达**努沃勒埃利耶**（125页），参观**佩德罗茶庄**（125页）和**情人峡瀑布**（125页）。第4天一早去往**霍顿平原国家公园**（118页），穿过荒原徒步到世界尽头。下山后前往**乌达瓦拉维国家公园**（132页），这里的大象数以百计。游览过后可就近住宿，也可到南部的坦加勒。

第5天，在风景如画的**坦加勒地区的海滩**（84页）散步，然后往西沿海边公路到达加勒，第6天，如果季节合适，一早去**米瑞莎**（93页）乘船出海看蓝鲸，剩下的时间就交给**加勒要塞**（68页），也可以到**乌纳瓦图纳**（91页）浮潜或体验阿育吠陀。第7天，上午乘火车回科伦坡。若还有时间，就到商铺集中的时髦的克鲁皮提亚区（3区）或是传统的贝塔区的市场去购物吧。

没时间?

我们将斯里兰卡的所有必游看点融入这些按天规划的行程之中，确保你能在有限的时间内看到这个国家最美的一面。

10天

第1天，前往中部的历史区域。在哈伯勒内（Habarana）落脚，花两天时间游览**丹布勒**（159页）、**狮子岩**（148页）和**波隆纳鲁沃**（152页）三处世界文化遗产。第3天下午前往**康提**（98页），第4天游览康提和周边。

第5天，乘山地火车到**埃拉**（128页）住两天。到达当天可以登上小亚当峰，看瀑布与茶园在迷雾中若隐若现。第6天一早坐火车到20公里外的哈普塔勒，参观茶叶大亨托马斯·立顿爵士创建的**丹巴特尼茶叶工厂**，再爬上旁边的小山到达**立顿之椅**（130页方框）。下午坐火车返回埃拉后，从火车站沿铁轨前行3公里或坐三轮车到九孔桥，这里是山地火车的最佳摄影点。

第7天，从埃拉到南部的**提萨玛哈拉玛**（96页），可选择前往鸟类资源丰富的**本达拉国家公园**（96页）或以哺乳动物见长的**亚拉国家公园**（96页）。第8天去往**加勒**（66页），在海边过两天悠闲的假期生活。第10天返回科伦坡。

14天

第1~5天，在**科伦坡**（42页）稍作停留，然后乘火车沿着海岸线到**加勒**（66页）。在加勒要塞和附近的海滩游览后，就向山区进发。到**埃拉**（128页）后，可以到周边的茶园逛逛，也别错过这里的远足路线。接着搭乘山地火车来到有“小英格兰”之称的**努沃勒埃利耶**（125页）。

第6~10天，给努沃勒埃利耶和**康提**（98页）各留1天时间，就去北部的“文化三角”，游览**丹布勒**（159页）、**狮子岩**（148页）和**波隆纳鲁沃**（152页）。然后到**亭可马里**（184页）休息两天，你可以去南边的**鸽子岛国家公园**（186页）潜水或游泳，也可以往北骑行一段，欣赏大海与潟湖的景色（186页方框）。

第11~14天，在**阿努拉德普勒**（134页）游览后，前往西海岸的**卡尔皮蒂耶**（182页方框）。若季节合适，可出海看海豚或参与水上运动。最后前往**尼甘布**（180页），这里的沙滩跟东部相比有点逊色，还是看看殖民时期的遗迹和热闹的鱼市场吧。

行前参考

更多信息，
见197页生存指南。

货币
斯里兰卡卢比（Rs）。
CNY1≈Rs21.6，USD1≈Rs148

语言
僧伽罗语、泰米尔语、英语

签证
在www.eta.gov.lk网上申请旅游签证。30天电子签证的费用为35美元。

现金
大城镇的Commercial Bank等银行的自动柜员机支持银联卡提现。部分酒店可以使用信用卡。

手机
已解锁手机可使用当地SIM卡，价格很便宜。也可开通国际漫游。

时间
斯里兰卡标准时间（格林尼治标准时间/世界标准时间加5.5个小时），比北京时间晚2.5小时。

插座
多为一大两小的三向圆柱插座，但也有美标和欧标的插座。电压为220~230伏。

小费
餐厅和司机小费约为10%，酒店服务员、行李搬运等小费为Rs20~50。

① 出发前

每日预算

经济：少于Rs5500
- 简易客栈：Rs1500~4000
- 一份本地的咖喱加米饭：Rs150~400
- 公共交通费用：少于Rs300/天

中档：Rs5500~20,000
- 中等酒店双人房：Rs4000~12,000
- 酒店用餐：Rs1500~2500
- 公共交通和包车：平均Rs2500/天

高档：高于Rs20,000
- 顶级酒店：Rs12,000以上
- 顶级酒店就餐：Rs3000以上
- 包车：Rs5500以上/天

网络资源

Lonely Planet（www.lonelyplanet.com/sri-lanka）景点信息、酒店预订、论坛及其他。

Yamu 美食点评的手机App，可在线寻找附近美食。

Tasty（www.tasty.lk）分类详细的美食搜寻网站。

今日锡兰（Ceylon Today，www.ceylontoday.lk）时政、体育和娱乐新闻。

提前计划

3个月以前 预订旺季的机票和住宿。

1个月以前 预订淡季的机票和住宿，联系并预订长线的包车司机。

10天以前 提前10天（以上）申请电子签证。

2 抵达斯里兰卡

迁达拉奈克国际机场（www.airport.lk）是斯里兰卡主要的国际机场，位于科伦坡以北30公里的卡图纳亚克（Katunayake）。该机场规模不大，只有1个航站楼。

目的地	最佳交通方式
科伦坡	机场巴士
尼甘布	公交车（240/3路）
康提	长途汽车

在机场

由于在凌晨也有频繁的飞机抵离，机场大部分的机构和商店都是24小时营业的。

机场入境处（Immigration）标志明显，过程也并不麻烦。入境后，经过大型的电器卖场后就是换钱、租车和售卖手机Sim卡的摊位。不少拉客的司机和小贩聚集在此，多数会说中文。但是不要上他们的车，机场有正规的出租车中心和机场巴士站。

若从机场离境，还需多预留一些时间。不少旅行者反映机场的安检程序烦琐、移民局效率缓慢。班达拉奈克国际机场的购物店寥寥，餐饮价格很高。在离境大厅有FOOD CITY超市，一般的特产如红茶、干果都能找到，价格公道。出海关后，有手工艺品、纪念品商店和少量的护肤品柜台，但免税价格比市区门店高出20%～30%。

3 当地交通

公共交通的选择主要是长途汽车和火车，两者都很便宜。火车可能会很拥挤，不过相比起总想测试一辆车能挤多少人的长途汽车来说，已经不算什么了。在波耶日（poya，月圆日）假期和临近波耶日的周末，所有公共交通工具都会很拥挤，尽量避免此时出行。

火车

乘火车是在这个国家旅行的极好方式，尽管它们很慢还常常晚点。坐火车总比坐汽车舒服，价钱却与汽车差不多，即使是一等车厢也在Rs1000左右。

长途汽车

长途汽车的线路覆盖了这个国家约80%的公路，近90,000公里，分为国营的普通汽车（CTB）和私营的城际特快两种。后者车况较好，速度快，票价约为前者的2倍。

包车

包车将保证你的旅程有最大的自由度。在主要的景点，你可以找到愿意提供一天或几天包车服务的出租车司机。客栈和旅行社也可以帮你联系司机，价钱一般为每天Rs7000～9000。

自行车

适合在历史遗迹区域，如阿努拉德普勒、波隆纳鲁沃和城市周边的游览。越来越多的酒店和客栈向客人出租自行车。

斯里兰卡
地区速览

贾夫纳地区（162页）

一片泰米尔文化浓郁的新天地。

顶级景点

贾夫纳半岛

阿努拉德普勒（134页）

悠远的文化和宗教遗迹圣城。

顶级景点

阿努拉德普勒世界遗产景区

更多精彩

锡吉里耶、波隆纳鲁沃和丹布勒（146页）

千年前的建筑和遗迹。

顶级景点

锡吉里耶(狮子岩)

波隆纳鲁沃

康提（98页）
斯里兰卡的文化之都。

顶级景点
佛牙寺

科伦坡（42页）
殖民地的遗风与时尚都市的精彩碰撞。

顶级景点
殖民时期的遗迹

加勒（66页）
在坚不可摧的要塞中，慵懒而浪漫地生活。

顶级景点
加勒要塞

值得一游

顶级景点
乌达瓦拉维国家公园

中部山区（114页）
高山茶园、瀑布、森林和顶级徒步路线。

顶级景点
山地火车
霍顿平原国家公园和世界尽头
亚当山

南部沿海（82页）
一切活动都与美妙的沙滩和大海有关。

顶级景点
坦加勒地区的海滩

探索

斯里兰卡

值得一游

最佳步行游览

了解斯里兰卡

波隆纳鲁沃加尔寺的卧佛（157页）

视觉中国 提供

探索

科伦坡

从交错纵横的街区中，你便能感受到科伦坡的沧海桑田——老城区保存着殖民时期斑驳的遗迹，熙熙攘攘的集市汇集了丰富的当地美食和特色小店；新城区则充满画廊、博物馆以及时尚的餐馆，为国际化都市代言。无论你把这里作为斯里兰卡探险之旅的起点或终点，都是一个不错的选择。

在科伦坡的……

第1天

从贝塔区热闹的市场出发，在小型的印度教神庙和**荷兰时期博物馆**（46页）里打发时光。向西前往要塞区，观赏重新修复后的殖民时期建筑瑰宝，如**老荷兰医院**（45页）。午餐在**New Palm Leaf Hotel**（54页）与忙碌的当地人一起品尝辣咖喱和米饭。下午，先去融合了各种建筑风格的**甘珈拉马雅寺**（56页），再经南贝拉湖溜达到滨海的Galle Rd，在**Crescat Boulevard**商场逛逛。日落时分，到海边与斯里兰卡本地人一同流连于**加勒菲斯绿地**（49页），品尝摊贩们经营的小吃。

第2天

上午前往宏伟的**国家博物馆**（56页），游览之后，可以在郁郁葱葱的肉桂花园和克鲁皮提亚区众多的商铺和精品店中满足购物欲望。下午乘火车前往**芒特拉维尼亚**（59页方框），饱览海岸火车的精华风景后，找个海边的酒吧喝两杯。暮色降临时，在沙滩上享受一顿烛光海鲜大餐。

想体验科伦坡当地人的一天，见48页。

顶级景点

当地生活

科伦坡最佳

餐饮

购物

到达和离开

飞机 机场位于科伦坡以北30公里，快速机场巴士从中央汽车站出发往返机场（Rs130，45分钟）。乘出租车往返市区需要Rs2800~3500。

长途汽车 科伦坡有3个汽车站，都位于要塞区火车站的东北部，长途汽车从Bastian Mawatha和Saunders Pl车站发车。

顶级景点
殖民时期的遗迹

自16世纪初，葡萄牙人、荷兰人和英国人就先后占领了这个国家，留下了诸多文化印记，宏伟的殖民建筑最为醒目。如今，科伦坡依然保存着大英帝国全盛时期形成的建筑群。在殖民建筑最集中的要塞区和贝塔区，你能在高楼广厦间发现各个殖民时期留下的遗迹，虽然近年来多被重新修复或装饰，但毫无违和感，数百年的岁月已将它们与这座城市融为一体。

见50页地图，E3；可按景点顺序游览

大部分建筑24小时开放

大部分建筑免费

科伦坡的卡尔吉斯商店

不要错过

老荷兰医院

这座殖民时期的建筑坐落在要塞区的显要位置，其历史可追溯到17世纪前叶。精心修缮之后，这幢大楼活力四射。大楼里充满商铺、咖啡店和餐馆，成为科伦坡的时尚聚集地。暂缓脚步，在无与伦比的拱廊与立柱间坐下，来杯冷饮吧！（Old Dutch Hospital; Bank of Ceylon Mawatha, Col 1）

钟楼

钟楼位于Chatham St与Janadhipathi Mawatha的交界处，它起初是一座灯塔，建于1857年。如今，它就矗立在官邸中间，一些时刻警惕的保安也成为风景。（Clock Tower; Janadhipathi Mawatha, Col 1）

劳埃德建筑

走在这条大街上，会发现许多其他殖民时期壮观的建筑群，经过翻修，重新营造出了这里作为锡兰时期经济中心的王室气息。（Lloyd's Buildings; Sir Baron Jayatilaka Mawatha, Col 1）

卡吉尔斯商店

这幢华丽的红色建筑，尽管已是空空如也，但依然通过艳丽的色彩和长长的拱廊，展示着它逝去的辉煌，在一些古旧的石制标牌上，仍可以见到诸如“卫浴用品”的商店字号。一楼的柱廊曾经是科伦坡殖民时期的标志性建筑，雨季洪水暴发时，它可以为人们提供避难所。（Cargills Department Store; York St, Col 1）

圣彼得教堂

与Grand Oriental Hotel相邻的这座教堂是由殖民时期荷兰总督的宴会厅改造而来，于1821年首次作为教堂投入使用。教堂里拥有原始的木质天花板和

☑ 独家贴士

▶ 由于这两个区域的游人较多，又聚集着火车站和三大汽车站，难免鱼龙混杂。需要对主动前来搭讪的人有所戒备，在街头拉客的导游和招揽“特殊游览”的人，也请一并无视。单身女性晚上尽量不要单独乘坐出租车或三轮车。

吃喝落脚点

这个区域有不少面向大众的小吃摊和大排档，也不乏高雅的咖啡厅或餐馆。老荷兰医院里的**Ministry of Crab**（55页）深受欢迎。在钟楼旁边的**T-Lounge**（54页）能喝到斯里兰卡顶级的红茶，也有多种小吃和甜品。

到达和离开

上述看点都集中在要塞区和贝塔区。这两个区域并不大，所有景点都步行可至。你可以乘坐公交车或通勤火车到Fort站或Pettah站，再步行前往。

许多匾额，这些匾额表现了教堂与航海者的密切关系。（St Peter's Church; Col 1; ⏲7:00~17:00）

三角大楼

这座位于要塞区东北角的白色三角形大楼，是典型的荷兰殖民时期建筑。如今大楼一层是一家经营当地菜的咖啡厅，上层是写字楼。在Sir Baron Jayathilaka Mawatha街对面，另外一座殖民建筑却有着截然不同的风格。（Triangle Building; Leyden Bastian Rd和Sir Baron Jayathilaka Mawatha交界处，Col 1）

荷兰时期博物馆

这座独一无二的博物馆起初是17世纪荷兰总督的官邸，而后它的身份经过多次转换：从天主教神学院到军队医院，后来又先后成为警察局和邮局。这座建筑有一个可人的庭院，在至今犹存的风貌中，可感受岁月流逝的味道。博物馆展出荷兰殖民时期的家具和其他一些艺术藏品。1638年，康提王朝的King Rajasinghe Ⅱ在此签订协议，允许锡兰对荷兰开放。（Dutch Period Museum; ☎244 8466; 95 Prince St, Col 11; 门票：成人/儿童 Rs500/300; ⏲周二至周六 9:00~17:00）

科伦坡的旧市政厅

旧市政厅

这栋英国统治时期的市政厅建于1865年。现在已成为邮局，大厅里陈列着一些旧卡车和市政设备供游人参观。你可以请工作人员（收小费Rs100）带你攀上那有些年头的红木楼梯，在二层的老会议室里看到一些蜡像。这些沾着灰尘的蜡像重现了这座城市1906年第一届议会议员们的形象，稍带些漫画的效果和诡异的感觉。回眸窗外，你会顿感来到了另一个世界。（Old City Hall; Main St, Col 11; ⏲周一至周六 8:00~17:00）

视觉中国 提供

科伦坡的三角大楼

沃尔闻达拉教堂

建于1749年的沃尔闻达拉教堂是斯里兰卡最重要的一座荷兰式建筑。在教堂建成的时候，这片地方还是城墙外的一块荒地。欧洲人错把成群活动的豺当成了狼，于是称这里为“狼之谷”，荷兰语译音就是“沃尔闻达拉”。这座教堂呈四臂相等的十字架形，墙体厚达1.5米。不过它真正的价值则在于其内部的荷兰式家具。精心雕琢的黑檀木长椅、木质讲道台、洗礼池和诵经台显示出工匠们精美绝伦的手艺。石质地板上的精美墓石则是被遗忘在历史长河中的荷兰殖民者们留下的人生痕迹。（Wolvendaal Church; Wolvendaal Lane, Col 11; ⏲9:00~16:00）

当地生活

时髦中的传统

克鲁皮提亚区和肉桂花园地区是科伦坡最古老的街区之一，如今日新月异——高层建筑物接二连三拔地而起，高级商场和小资的咖啡厅也随处可见。不过，你仍可以从中找到旧时样貌的街道、口味地道的小吃、极具个性的集市，以及备受当地人钟爱的公园和休闲绿地。不妨花半天时间，从科伦坡最著名的小吃店开始一路往北，到加勒菲斯绿地等待印度洋上的黄昏。若遇上周日，上午的艺术集市不容错过。前往起点，可乘公交车在ACBT站或Mahanama站下车。

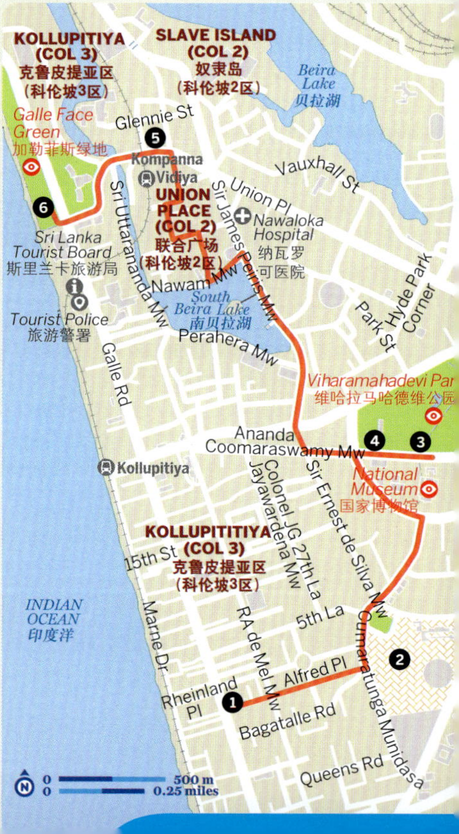

❶ **Hotel de Pilawoos**

这家街边小店出售的kotthu（炒饼）可能是市里最好吃的。它多汁、可口而且很容易上瘾。人们通常称这里为**Pilawoos**（417 Galle Rd, Col 3;

餐 Rs200~400；⏲24小时）。奶酪kotthu是最受大众欢迎的食物。在凌晨，许多顾客会来这里吃点kotthu垫垫肚子；而在清早，你会看到睡眼惺忪的人们正吃着kotthu恢复活力。其他地方的Pilawoos可以忽略，只有这家才是地道的老店。

❷ 科伦坡大学（University of Ceylon）

占地50英亩的科伦坡大学被绿树成荫的大道环绕，街道边则矗立着具有殖民时期风格的建筑。可以在门前的Cumaratunga Munidasa大道看看1910年建造的Saifee Villa，以及旁边那栋建于1912年的塔楼College House。然后进入校园，漫步其中，感受一下科伦坡学生的校园生活。

❸ 维哈拉马哈德维公园（Viharamahadevi Park）

这座科伦坡最大的公园以杜图吉姆努（Dutugemunu）国王母亲的名字命名。这里以3月至5月初绽放于枝头的迷人鲜花而闻名。为人类工作的大象有时候会在这个公园里过夜。经过了大规模修饰的公园新增了许多长椅（经常坐着举止亲昵的情侣）、步道、景点和游乐场地，也是休息和乘凉的好地方。

❹ 卡拉博雅艺术集市（Kala Pola Art Market）

每个星期天的早晨，维哈拉马哈德维公园南边的**Ananda Coomaraswamy Mawatha**大街便会被赋予鲜活的色彩，那是**卡拉博雅艺术集市**（⏲周日 8:00至正午），本地的艺术家们在展示自己的作品。每年1月的第三个星期日都会举办一次大型特别活动，届时会有500多名艺术家带来自己的艺术作品并集中展出。这个集市宛若这个国家创造力的万花筒，而你说不定就会在其中以“白菜价”寻得一件珍宝。

❺ 殖民时期商店街

趁成群的推土机还未到来，赶紧细细品味一下这里几个世纪如一日的窄巷生活。你可以从南贝拉湖北岸的Nawam Mawath进来，随机挑选几个小巷子走走，每一条小巷里都可能藏着惊喜。小巧的商铺往往出售一些“来路不明”的有趣商品，还可以在众多的小摊上随意品尝。

❻ 加勒菲斯绿地（Galle Face Green）

加勒菲斯绿地是一片面朝大海的狭长草坪，草地上随处可见情侣相依相偎和一家人共享天伦的场景。晚上（特别是周日），食品小贩便会在草坪的南端沿着海岸线摆摊，叫卖各种炸得很脆的咸味小吃。尝试一种新鲜的isso wade：完整的虾放在虾肉馅上油炸，享用时可配上一杯清爽的柠檬汁。孩子们会从码头的小桥墩上一跃而起，跳入未知深浅的海水中。在草坪的北端，也许你会看到鹈鹕（Pelicans）正站在路灯柱上呢。

A
B
C
D
1
2
3
4
5
详细介绍请见
顶级景点 44页
景点和活动 53页
就餐 54页
0 400 m
0 0.2 miles
Harbour
港口
INDIAN
OCEAN
印度洋
Bandaranaike
Quay
Sambodhi
Chaitiya
3
Wharf Rd
Church St
Old Galle Buck
Lighthouse
老加勒巴克灯塔
2
Sir Baron Jayathilaka Mw
Galle Buck Rd
Front St
Central
Point
中心点
1
13
Chatham St
Flagstaff St
Marine Dr
Spa Ceylon
11
FORT
(COL 1)
要塞区(科伦坡1区)
Colombo
Fort
要塞区火车站
14
World
Trade
Center
世界贸易中心
Secretariat Halt
Train Station
Lotus Rd
Beira Lake
贝拉湖

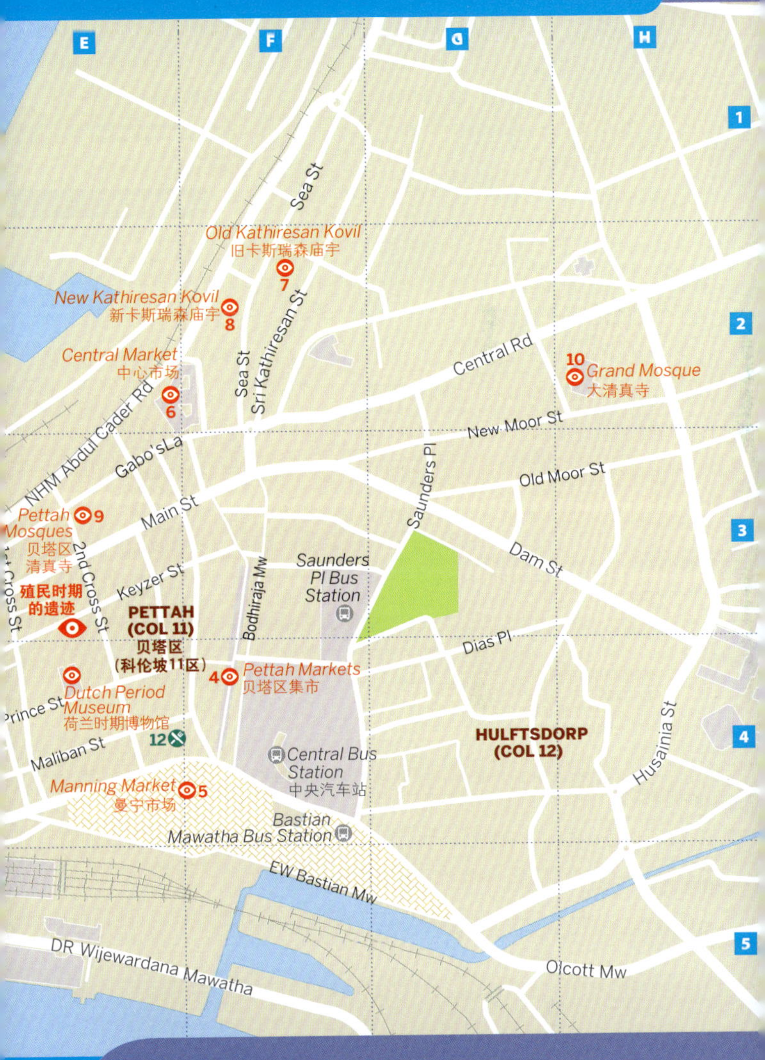

E
F
G
H
1
2
3
4
5
Sea St
Old Kathiresan Kovil
旧卡斯瑞森庙宇
7
New Kathiresan Kovil
新卡斯瑞森庙宇
8
Sri Kathiresan St
Central Market
中心市场
6
NHM Abdul Cader Rd
Central Rd
10
Grand Mosque
大清真寺
New Moor St
Gabo'sLa
Saunders Pl
Old Moor St
Main St
Pettah Mosques
9
贝塔区清真寺
2nd Cross St
1st Cross St
Dam St
Keyzer St
Bodhiraja Mw
Saunders Pl Bus Station
殖民时期的遗迹
PETTAH (COL 11)
贝塔区（科伦坡11区）
Dias Pl
4
Pettah Markets
贝塔区集市
Prince St
Dutch Period Museum
荷兰时期博物馆
12
Maliban St
Central Bus Station
中央汽车站
HULFTSDORP (COL 12)
Husainia St
Manning Market
5
曼宁市场
Bastian Mawatha Bus Station
EW Bastian Mw
DR Wijewardana Mawatha
Olcott Mw

A
B
C
D
1
2
3
4
5
16
SLAVE ISLAND (COL 2)
奴隶岛（科伦坡2区）
South Beira Lake
南贝拉湖
Beira Lake
贝拉湖
Chittampalam Gardiner Mw
Kumaran Ratnam Rd
DR Wijewardana Mawatha
1 Lotus Tower
莲花塔
20
Maradana
MARADANA (COL 10)
0 500 m
0 0.25 miles
详细介绍请见
景点 56页
就餐 58页
饮品 59页
娱乐 60页
购物 62页
Glennie St
Vauxhall St
Dean's Rd
Kompanna Vidiya
Church St
Union Pl
UNION PLACE (COL 2)
联合广场（科伦坡2区）
Nawaloka Hospital
纳瓦罗可医院
Sir James Peiris Mw
Sri Uttarananda Mw
Braybrooke St
Hyde Park Corner
Park St
EW Perera Mw
Norris Canal Rd
Kynsey Rd
De Soysa (Lipton) Circus
12
Ward Pl
South Beira Lake
南贝拉湖
3
Perahera Mw
2 Gangaramaya Temple
甘珈拉马雅寺
Seema Malakaya Meditation Centre
西玛玛拉卡亚禅修中心
24
Viharamahadevi Park
维哈拉马哈德维公园
Alexandra Pl
CINNAMON GARDENS (COL 7)
肉桂花园（科伦坡7区）
Rosmead Pl
Galle Rd
Dharmapala Mw
National Art Gallery
国家美术馆
Saskia Fernando Gallery 6
萨斯齐亚费尔南多画廊
Barnes Pl
13
Ananda Coomaraswamy Mw
National Museum
国家博物馆
5
19
Horton Pl
Wijerama Mw
Kollupitiya
Albert Cres
Sir Ernest de Silva Mw
Colonel JG Jayawardena Mw
4
27
Marcus Fernando Mw
Maitland Cr
Gregory's Rd
11
KOLLUPITITIYA (COL 3)
18
克鲁皮提亚区（科伦坡3区）
27th La
15
Guildford Cres
21
Rajakeeya Mw
Independence Ave
Maitland Pl
23
Vidya Mw
INDIAN OCEAN
印度洋
Walukarama Rd
5th La
Cumaratunga Munidasa Mw
14
7 Independence Memorial Hall
独立纪念馆
25
Marine Dr
RA de Mel Mw
Alfred Pl
Reid Ave
BMICH
Bauddhaloka Mw
28
Jawatta Rd
Bullers La
Torrington Ave
8
10
Queens Rd
26
Sarana Rd
9
Trelawney Pl
Havelock Rd
22
17

要塞区和贝塔区

(Colombo Fort & Pettah)

景点和活动

中心点

历史建筑

1 见50页地图，B4

Chatham St的很多旧房子都在进行整修，这些旧建筑中最宏伟的，莫过于建于1914年、廊柱高耸的中央银行，它又称为中心点。华丽的内部装饰以亚洲最高的吊灯为特色，精美的绘画描述了希腊与罗马的战争历史。这里还有一家本地资金博物馆，展示的主题仅仅告诉人们，用牛交换鱼并非是个好主意，因此发明了货币。(Central Point; Chatham St, Col 1; 免费; 博物馆 周一至周五 8:30~16:00)

老加勒巴克灯塔

灯塔

2 见50页地图，A4

这座灯塔建于1954年，周围环绕着不少古老的大炮。你可以爬上中部的大平台，眺望海景和高速扩展的商业区，同时会发现商埠快速扩展。走走停停，欣赏不同的风景，临近区域也变得引人注目。(Old Galle Buck Lighthouse; Marine Dr, Col 1; 免费)

Sambodhi Chaitiya

圣陵

3 见50页地图，A3

沿着灯塔向北走，呈现眼前的是一座壮观的约20米高的白色舍利塔，由曲线形不对称的巨大水泥柱子支撑着。你可以赤足登上10层的塔顶，远眺繁华的科伦坡港。(Marine Dr, Col 1)

贝塔区集市

市场

贝塔密集而“狂热”的商业氛围在这个地区的集市中表现得更突出了。一定不要错过**个体户联合市场**(Federation of Self Employees Market; 4 见50页地图，F4; 紧邻Olcott Mawatha, Col 11; 7:00~16:00)，它坐落在5th Cross St，是购买家居用品和食物的好地方。水果和蔬菜会像艺术品一样展现在你眼前，如那座柠檬摆成的金字塔，令人赞不绝口。

曼宁市场(Manning Market; 5 见50页地图，F4; Olcott Mawatha, Col 11; 6:00~14:00)就在要塞区火车站东边，是这座城市的水果和蔬菜批发中心，商品几乎全是从斯里兰卡本土出产的。堆积如山的香蕉想必只会出现在猴子的梦里吧。而现代化的**中心市场**(6 见50页地图，E2; Market St, Col 11; 7:00~15:00)相比其他市场而言，魅力稍有欠缺。

贝塔区印度教神庙

寺庙

印度教神庙在当地被称为科维尔斯kovils，在科伦坡为数众多，尤其是贝塔地区最为集中。在Sea ST——金匠之街，**旧卡斯瑞森庙宇**(Old Kathiresan Kovil; 7 见50页地图，F2)和**新卡斯瑞森庙宇**(New Kathiresan Kovil; 8 见50页地图，F2)均为纪念战神穆卢甘[Murugan，即斯坎达(Skanda)]而建，印度教每年7月/8月的

贾米·埃勒·阿尔法清真寺

维尔(Vel)节庆典就是以这两座庙宇为起点的。届时，形状似巨大三叉戟的双轮战车会从这里被拖到位于班巴拉皮提亚的加勒街上的各大寺庙里进行展示。

贝塔区清真寺

清真寺

位于贝塔区中心，建于1909年的装饰华美的**贾米·埃勒·阿尔法清真寺**(Jami-Ul-Alfar Mosque; 9 见50页地图，E3; 2nd Cross & Bankshall)因红白相间砖制条纹的华美装饰而引人纷纷驻足观看。除了周五礼拜日，门卫通常会允许你进去看个究竟。然后，你可以越过这条路，来到伊斯兰教咖啡馆小憩。外表现代的**大清真寺**(Grand Mosque; 10 见50页地图，H2; New Moor)是科伦坡最重要的一座清真寺。

Spa Ceylon

水疗

11 见50页地图，B5

在老荷兰医院和圣缪斯公园(230 7676; Park St, Col 2)有分店，这家连锁高级水疗馆环境时尚，为游客提供印度草医药学水疗和其他常规的水疗服务。各种各样的豪华水疗法颇为享受。(www.spaceylon.com; 按摩 每小时Rs2800起; 10:00~21:00)

就餐

New Palm Leaf Hotel

斯里兰卡菜 $

12 见50页地图，E4

在斯里兰卡，“酒店”的意思就等于“简单的餐厅”。面对异常繁忙的要塞区火车站(Fort station)片区，和周围狂热的贝塔集市，你可以在这里小憩一下，喝杯茶，吃个蛋糕或者享用味道极好，而又辛辣度适中的咖喱。(237 Olcott Mawatha, Col 11; 餐 Rs200~300; 6:00~22:00)

T-Lounge

咖啡馆 $

13 见50页地图，B4

斯里兰卡顶级茶商出产的Dilmah茶是这里的招牌饮品。茶室装潢与外部的殖民时期风格相呼应。墙架上摆着一排排关于斯里兰卡的书籍，菜单则是一系列的可口点心：薄烤饼、三明治、多种甜点，店里还供应鸡尾酒。(244 7168; www.

dilmaht-lounge.com; Chatham St, Dutch Sq; 点心 Rs200~500; ⏲11:00~23:00)

Ministry of Crab 海鲜 $$$

见11 见50页地图, B5

螃蟹是斯里兰卡渔业最主要的收入来源,然而大多数螃蟹都出口到国外了。这家著名的饭店弥补了遗憾,从新加坡辣椒炒蟹到本地辣味咖喱蟹的多种美味,任君选择。随便点一份口味极佳的双人豪华餐,可能就要花费Rs10,000。(☎234 2722; www.ministryofcrab.com; Old Dutch Hospital, Col 1; 主菜 Rs800~4000; ⏲周一至周五 6:00~23:00; 周六和周日 正午至23:00)

Curry Leaf 斯里兰卡菜 $$$

14 见50页地图, B5

这个可爱的花园餐厅有着迪士尼动画中理想乡村的格调,这里的自助餐供应种类丰富的由高级食材烹饪而成的斯里兰卡美食。(☎249 2492; Hilton Colombo, 2 Sir Chittampalam A Gardiner Mawatha, Col 6; 自助餐 Rs2500起; ⏲19:00至半夜)

饮品

Taphouse by RnR 小酒馆

见11 见50页地图, B5

这家位于老荷兰医院的高档小酒馆,以提供的廉价啤酒而闻名。每个周五的晚上,这里会变得异常拥挤,数百人拿着冰镇啤酒杯在庭院中闲逛,消磨时间,时不时抛出一个半道就被拦截的飞吻。(☎077 377 3844; Old Dutch Hospital, Col 1; ⏲11:00~23:00)

了解当地

无所不有的贝塔区

要塞区以东的贝塔区是科伦坡最古老的一个街区,也是最有意思的地方之一。这里是斯里兰卡民族种类最多又最集中的地方。不同风格的大型宗教建筑代表着不同的信仰。至于更为世俗的消遣,则可以在应有尽有的集市和商铺中得偿所愿。

早晚时段,贝塔区可谓是水泄不通。然而在白天大部分时候,这里的街道也是人头攒动。小贩们的手推车堆满了货物,在人山人海里横冲直撞,三轮车试图从人群的缝隙中"杀出一条血路"。在这里,你定能感受到一次精疲力竭的购物体验。最好的办法是找一个阴凉且没那么拥挤的地方歇歇脚,静静欣赏周遭无边无际的汹涌人潮。Wolfendhal Lane是典型的"街边避难所",在这里可以逛逛盗版DVD店和服装小店,与当地人友好地互相问候。

克鲁皮提亚区、肉桂花园和波雷拉区

（Kollupitiya, Cinnamon Gardens & Borella）

景点

莲花塔

建筑

1 见52页地图，B1

这座塔高350米，塔影可以一直投射到奴隶岛上。它的顶部呈球状，象征着所谓的繁荣昌盛。莲花塔高耸入云（比埃菲尔铁塔高出24米），并且配备远程通信设施，这里将开发出一系列旅游景点，包括在顶部设置观望台，地基上设置水上公园。与斯里兰卡最近展开的大部分大型项目一样，莲花塔也得力于中国的资助。（Lotus Tower; DR Wijewardana Mawatha, Col 2）

当地生活

坎杜博拉禅修中心

在科伦坡城外25公里的道尔格达（Delgoda），还有一座后马哈西尊者（Mahasi Sayadaw）时期的主要禅修中心**Kanduboda Siyane Meditation**（☎240 2306; www.insight-meditation.org; Kanduboda）。虽然中心欢迎信众捐赠善款，这里的三餐却是免费向参观者供应的。大多数禅修者会首先在这里度过为期3周的训练期，此后他们就可以按自己的意愿独立地进行禅修了。你可以从位于Olcott Mawatha的中央汽车站坐Pugoda224路公共汽车到达这里。

甘珈拉马雅寺

佛教寺庙

2 见52页地图，B3

喧闹繁华的庙宇群一带还有一座图书馆、一座博物馆和一个兼容并蓄的珠宝展厅，里面陈列着多年来善男信女所捐赠的各种珠宝贡品，院里还拴着一头名为Ganga的孤独的大象。甘珈拉马雅寺是每年2月波耶日（满月日）举办Navam Perahera节，和5月佛诞节的中心地区（见60页方框）。（Gangaramaya Temple; ☎232 3038; www.gangaramaya.com; Sri Jinaratana Rd, Col 2; ⏲5:30~22:00; 博物馆捐助Rs100）

西玛玛拉卡亚禅修中心

宗教场所

3 见52页地图，B3

这里称得上科伦坡最上镜的一个景点，就位于南贝拉湖东边的一座小岛上。这片小巧却十分迷人的禅修中心是由杰弗里·巴瓦在1985年建造的，现在由甘珈拉马雅寺管理。禅修中心的房舍内，有一间放满了泰式青铜佛像，另一间被菩提树环绕，四面墙上画有婆罗门教的画像。这些佛像和壁画在夜晚灯光的映照下，会更让人感觉如梦似幻。（Seema Malakaya Meditation Centre; ⏲6:00~18:00）

国家博物馆

博物馆

4 见52页地图，C3

当你走进这座斯里兰卡的首要文化

视觉中国提供

国家博物馆

机构时，一尊9世纪的石佛会以神秘的微笑迎接你。在这家始建于1877年的展览馆里，你能看到古代斯里兰卡的雕刻、雕塑等各种各样的艺术品，以及殖民时期遗留下来的宝剑、枪械和其他各类用品。包括英国人在19世纪绘制的与斯里兰卡相关，引人入胜的绘画复制品，还收藏了一些珍贵的远古魔鬼面具。引人注目的还有1693年维姆拉哈尔玛（Wimaladharma）国王佩戴的华丽皇冠，以及9世纪青铜制成的佛祖所穿的僧鞋。博物馆的广场被巨大的菩提树树荫所遮盖，凉爽宜人。（National Museum; Albert Cres, Col 7; 成人/儿童 Rs250/150; ⏲9:00~18:00）

国家美术馆

展览馆

5 见52页地图，C3

国家美术馆有些名过其实。这里紧挨着国家博物馆，只收藏了少量人物画像和风景画，所有的展品都没标签，展馆里也没有空调。（National Art Gallery; 106 Ananda Coomaraswamy Mawatha, Col 7; ⏲9:00~17:00）

萨斯齐亚费尔南多画廊

展览馆

6 见52页地图，D3

画廊中白色的空间里陈列着不少斯里兰卡当代最杰出艺术家的作品。在这儿可以找到用旧的机械零件做成的大象雕塑。艺术馆的主人是因Paradise Road而出名的设计师Shanth Fernando的女儿。（Saskia Fernando Gallery; ☎742 9010; www.saskiafernandogallery.com; 41 Horton Pl, Col 7; ⏲10:00~19:00）

独立纪念馆

纪念碑

7 见52页地图，D4

这是斯里兰卡为纪念1948年从英国统治下独立而建的一座庞大建筑。这幢巨型石头建筑大致是基于康提礼堂（Kandy's Audience Hall）而建。这里常年游人稀少，是个躲避科伦坡人潮的幽静好去处。（Independence Memorial Hall; Independence Sq, Col 7）

就餐

Green Cabin
斯里兰卡菜 $

8 见52页地图，B5

这家当地餐馆以烘烤类食物和一系列便宜的咖喱饭著称。餐厅内遍布绿植，宁静优雅。午餐时间的素食自助餐价格便宜味道又好（Rs280）——如芒果咖喱，如果你去的那天刚好赶上，可千万别错过。要想吃点心的话，你可以去烘焙区选择，油炸胡椒值得一试。早餐的米粉煎饼也非常值得期待。（258 8811; 453 Galle Rd, Col 3; 餐 Rs150~400; 7:30~23:30）

Barefoot Garden Cafe
咖啡馆 $$

9 见52页地图，B5

坐落在巴尔夫特画廊后院的这家咖啡馆，休闲而富有个性。咖啡馆通常售卖斯里兰卡风味或者亚洲风味的美食，有三明治、沙拉和其他精选菜肴，红酒单也非常不错。这里有时晚上还会举办问答竞赛或是读书会等特别活动。周日还会有现场爵士乐演出。（258 9305; 704 Galle Rd, Col 3; 主菜 Rs600~1200; 10:00~23:00）

Paradise Road Gallery Cafe
创意亚洲菜 $$$

10 见52页地图，B5

Shanth Fernando的画廊咖啡厅是一座装修精美的殖民时代风格的小屋，这里曾经是斯里兰卡最著名的建筑师杰弗里·巴瓦的工作室。这里的斯里兰卡派美食都是选择新鲜食材烹饪而成，调味手法大胆而风味清新。黑猪肉对虾咖喱是这里的招牌菜。店内还有一系列美味可口的蛋糕，花一天的时间才能尝个遍。（258 2162; www.paradiseroad.lk; 2 Alfred House Rd, Col 7; 主菜 Rs500~1500; 10:00至午夜）

Commons
法式小馆 $$

11 见52页地图，B4

这家咖啡店在科伦坡很受欢迎。顾客们可以闲适地窝在餐厅矮矮的桌子旁的沙发里，品尝各类美食，如广受好评的早餐、rotti、绝味汉堡、意面和甜品等。后面的花园绿树成荫，是在躲避城中喧嚣的好地方。要是能加强管理，让就餐客人们的车辆不再阻塞门口就更好了。（269 4435; 39A Sir Ernest de Silva Mawatha, Col 7; 餐 Rs400~600; 7:30至半夜）

Boulevard
小吃 $

12 见52页地图，C3

在著名的Odel时尚百货商场入口处，就是这个由一排长长的银色的小吃组成的、很规范的露天美食广场。著名的当地餐饮小铺提供三明治、比萨、印度美食以及各种各样的小食品和意式冰激凌。一排排风扇能使这里的一切保持清爽。（Odel, 5 Alexandra Pl, Col 7; 餐 Rs200~600; 10:00~20:00）

Park Street Mews
咖啡馆 $$

13 见52页地图，D3

这家与街道同名的咖啡厅有一种颇

为时尚的氛围——充满工业感的设计，水泥地面上放着靠枕、桌椅以及相对比较传统的吧椅。菜单中有汉堡、沙拉和亚洲美食。派对男女们会喜欢这里供应的滋补型“醒酒”果汁。(www.parkstreetmewsrestaurant.com; 50/1 Park Rd, Col 2; 主菜Rs500~2200; ⏲9:00~23:00; 📶)

饮品

Ceylon Tea Moments 茶饮

14 见52页地图，C4

这家高雅的茶饮店的特色，是从高档茶叶市场才能找到的精品茶。这里的一切似乎都恰到好处。坐在豪华舒适的扶椅上，看着从屋顶上方垂下的金色叶子熠熠闪光，从而陷入幻想。浏览品目繁多的菜单时，不妨试着品一杯特制茶饮，如肉桂茶冰。还有Rottis等食品，如the crab number，或win raves。(☎269 5917; Phillip Gunawardena Mawatha, Colombo Racecourse, Col 7; 饮品 Rs100~500; ⏲7:00~23:00)

41 Sugar 休闲酒吧

15 见52页地图，C4

这家屋顶鸡尾酒休闲酒吧风格时尚。在长形桌边，可以欣赏到延伸的地平线。室内有许多低矮的皮革沙发，供客人休闲放松。桌子上摆着饮品和主食的菜单，品种丰富诱人。在你饥肠辘辘时，不妨来此饱餐一顿。(☎268 2122; 41 Maitland

了解当地

乘火车到芒特拉维尼亚

从加勒到科伦坡的海岸线火车大名鼎鼎，实际上它的精华部分是在抵达科伦坡之前的10公里左右。这段铁轨就架设在海堤上，可谓跟海水零距离。如果你想远离科伦坡的嘈杂，又想找个离城市不远的海滩，可以坐上这列火车往南，其中芒特拉维尼亚(Mt.Lavania)就不错。这里距要塞区30分钟车程，还有许多专为当地人周末度假而开设的家庭旅馆。你也可以花半天来这里逛一逛，享受海滩的惬意。

沿着海滩一字排开的咖啡馆，售卖饮料、简餐和海鲜，丰俭由人。日落时分，冰爽的Lions啤酒的价格在Rs200~400。你可以从海滩的任何一处穿过小道，看看会有怎样的发现。也可以直奔从火车站沿铁轨往南100米的**Bu ba**(☎273 2190; 主菜Rs800~3200; ⏲8:00至半夜)。艳阳高照时，你可以躲在棕榈树下休息；夜幕降临，便落座沙滩上点着蜡烛的餐桌旁，享受一顿海鲜大餐。有时这儿会举行周末舞会。

这条火车线路车次很多，票价跟公交车相仿。但尽量避免在朝九晚五的上下班时间乘坐。火车站里有详细的列车时刻表，上车前别忘确认一下沿线经停的车站，否则可能一不小心就到了加勒。

了解当地

科伦坡的节日

杜佳莎皮拉赫啦

（Duruthu Perahera；1月）

这个活动于波耶日（满月日）在科伦坡北部的凯拉尼亚皇家大庙（Kelaniya Raja Maha Vihara）举行，传说佛陀第三次访问斯里兰卡时曾造访这里。这是仅次于康提佛牙节的大型庆祝活动。

满月庆典（Navam Perahera；2月）

在2月的满月日，游行的队伍由50头大象带领，从甘珈拉马雅寺（56页）出发，一路绕着维哈拉马哈德维公园和南贝拉湖前进。

佛诞节（Vesak Poya；5月）

整个科伦坡（和斯里兰卡）都会庆祝佛陀的诞生、教化和去世，但是甘珈拉马雅寺和南贝拉湖周围的庆祝活动最具规模最热闹。街头的参赛队伍的小型表演达百场之多，与异彩纷呈的大型彩灯表演交相夺势。此外，路边还会搭起斋棚（Dansala），免费供应食物，款待来往行人。

Crescent, Col 7; ⏲18:00至午夜）

7°North 鸡尾酒吧

16 见52页地图，A1

这家不太起眼的酒店从来都不为客源发愁的原因，就是它拥有一个坐落在巨大露台上的、能够俯瞰贝拉湖（Beira Lake）的高档酒吧。在星空下享受一杯高品质的鸡尾酒吧！（Cinnamon Lakeside Hotel, 115 Sir Chittampalam A Gardiner Mawatha, Col 2; ⏲17:00至次日1:00）

Hansa Coffee 咖啡馆

17 见52页地图，C5

说这里提供的是科伦坡最棒的咖啡也并不为过。和肉桂花园的星巴克不一样，这家简单的小店能冲泡出你想到的各种口味的咖啡，用的是与店主同名的斯里兰卡最棒的咖啡生产商的咖啡豆。（☎311 6579; 24 Fife Rd, Col 5; 小吃Rs200起; ⏲9:00~19:00）

Carnival 冰激凌

18 见52页地图，A4

这是一家专营冰激凌的甜品店，提供数十种冰激凌餐品，还能根据个人口味做个性化定制。这里的冰激凌口感更冰爽，而非厚重的奶油味。虽然无法与哈根达斯媲美，但价格实惠，绝对物有所值。许多人还特别喜爱这儿薄荷巧克力味的薯条。（263 Galle Rd, Col 3; 简 Rs100以下; ⏲10:00~21:00）

娱乐

Nelum Pokuna Mahinda Rajapaksa Theatre 表演场地

19 见52页地图，C3

这座崭新的富丽堂皇的表演场地

大部分是在中国援助下建造的，坐落在维哈拉马哈德维公园南部的高档区域。它引人注目的外形，是仿照波隆纳鲁沃（Polonnaruwa）12世纪的荷花池Nelum Pokuna建造的。你可以在这儿看到很多重要的演出。(www.lotuspond.lk; Ananda Coomaraswamy Mawatha, Col 7)

Elphinstone Theatre 剧院

20 见52页地图，C1

这座有80年历史的剧院经过重修后繁忙依旧，音乐会、戏剧和电影轮番在此上演。(☎243 3635; Maradana Rd, Col 10)

莱昂内温特中心 艺术中心

21 见52页地图，C4

这家艺术中心长时间以来都会定期举办不同风格的艺术品展览和文艺表演，值得你去一探究竟。(Lionel Wendt Centre; ☎269 5794; 18 Guildford Cres; ⏰周一至周五 9:00~13:00，14:00~17:00；周六和周日 10:00至中午，13:00~17:00)

Qbaa 音乐酒吧

22 见52页地图，B5

到了夜晚，一些科伦坡最棒的乐队，会在这个砖墙围起的演出场内进行精彩表演。客人可以点上香醇的葡萄酒和香槟

视觉中国 提供

满月节上的舞者

鸡尾酒，然后边喝酒边相互交谈自己的乐事。酒吧占地不大，与隔壁一家死气沉沉的餐馆面积相当。(☎077 711 5011; 2 De Fonseka Rd, Col 5; ⏰18:00至深夜)

Sri Lanka Cricket

板球

23 ☆ 见52页地图，D4

受英国影响，斯里兰卡最受欢迎的运动毫无疑问就是板球了，许多年轻人都为板球而狂热，看一场板球赛也是体验当地文化的最佳方式。但比较重要的比赛在市中心东北方向的普雷马达萨板球体育场举行，你可以在板球场附近的售票处买到这些比赛的门票。(☎267 9568; www.srilankacricket.lk; 35 Maitland Pl, Col 7; 售票处营业时间 8:30~17:30)

独家贴士

日落

科伦坡的日落因印度洋的反射而格外迷人，绚烂变幻的霞光让人目不暇接。很多人喜欢坐在环绕加勒菲斯绿地的那圈户外酒吧里欣赏落日，芒特拉维尼亚(59页方框)的海滨咖啡馆也是观赏落日的好地方。独乐乐不如众乐乐，你也可以直接加入聚集在加勒菲斯绿地上的人群中，去感受更真实的落日美景，品尝众多小贩售卖的当地小吃。需要注意的是，白天天气的好坏和能否观赏到美丽的日落并无关联，一个阴沉沉的白天后，傍晚时分很可能霞光满天。

购物

Barefoot

工艺品、书籍

9 🔒 见52页地图，B5

设计师Barbara Sansoni漂亮的设计展示商店位于一栋旧别墅里。那些色彩鲜亮的手工纺织品包括时尚的床单、垫子、餐巾及其他家居用品(可按尺剪裁零售)。你还可以在这儿看到以纺织品作为封皮的笔记本、灯罩和相册，以及大量有个性的剪裁简约的服装。庭院中的咖啡厅温馨无比，可以在这里喝上一杯，恢复活力。(☎258 0114; www.barefootceylon.com; 704 Galle Rd, Col 3; ⏰周一至周六 10:00~19:00，周日 11:00~17:00)

Odel

购物中心

12 🔒 见52页地图，C3

这是一家很有名的百货商场，国际品牌和本地的高端品牌都集中在这个闪亮的似迷宫般的商场里。从时尚用品到家居品，再到化妆品和小礼品，都是精品。这里总是人来人往，既有前来游玩的游客，也有当地白领。(www.odel.lk; 5 Alexandra Pl, Col 7)

Paradise Road

家庭用品

24 🔒 见52页地图，C3

在这个独具个性的精品店里，你不仅能找到许多殖民时期和斯里兰卡当地的收藏品，还能看到很多原创的家居用品以及设计师费尔南多(Shanth Fernando)的作品。在这条路上的Paradise Road

Gallery Cafe（58页）是这座著名饭店的一部分，里面也售卖一些小件的艺术品。（☎268 6043；www.paradiseroad.lk；213 Dharmapala Mawatha，Col 7）

Sri Lanka Cashew Corporation 食品

25 见52页地图，A4

腰果是葡萄牙人在16世纪从巴西传入斯里兰卡的。而如今，这种坚果是斯里兰卡的主要出口产品之一。这家小店售卖各种类型的腰果，它们常常被混放在一起。还往往在一个袋子中盛入不同种类的坚果，不太方便寻找你想要的特定品种。（518 Galle Rd，Col 3）

Laksala 手工艺品

26 见52页地图，C5

这是一个大型的国营连锁艺术纪念品商店，在肉桂花园有一家总店，还有一家分店在国家博物馆（National Museum store；27 见52页地图，C3）。这里价格低廉的雕刻大象、漂亮的手工艺制品以及手工制作的首饰和服装争相吸引着游客的注意。（www.laksala.gov.lk；215 Bauddhaloka Mawatha，Col 7；9:00～21:00）

> **了解当地**
>
> **赌场**
>
> 在科伦坡，赌博是合法的，不过这只是针对持外国护照的人来说。这里的大多数赌客是东南亚人，而这里的赌场尽管名字起得和拉斯维加斯那些著名同行差不多，不过相比起来，规模还是相当小。有几家规模较大的赌场经营者正在试图改变这种局面。

Sri Lanka Tea Board Shop 茶叶

28 见52页地图，A5

这是一个大型的，但看着并不光鲜的商店，里面有许多别的地方可能看不到的小牌子的锡兰茶。这里也售卖其他高端品牌的茶，如Mackwoods，还有其他与茶相关的商品。（574 Galle Rd，Col 3）

最佳步行游览
走近多面科伦坡

简介

这段徒步旅行从熙攘的贝塔区开始，在纷繁忙乱的街道中感受科伦坡市井的一面。接着进入要塞区这个名副其实的复兴和发展中心。走过殖民时期的旧建筑与外观摩登的高楼，来到加勒菲斯绿地后，生活气息也随之而来。

起点 荷兰时期博物馆

终点 加勒菲斯绿地

距离 约3公里；3~4小时

吃喝落脚点

路上的三角大楼底层和Grand Oriental Hotel四层都有环境优雅的咖啡厅可供小憩。钟楼路口东边**Pagoda Tea Room**（☎232 5252; 105 Chatham St, Col 1; 主菜Rs200~300; ⏲9:00~20:00）有当地出名的平价甜点和咖喱米饭等简餐。它对面的**T-Lounge**（54页）则提供精致茶点。更丰富的餐饮选择可在老荷兰医院找到。

视觉中国提供

科伦坡的殖民建筑

❶ 荷兰时期博物馆

17世纪初，这里曾是荷兰总督的府邸。随后身份多次转换，直到1977年才成为博物馆。（46页）

❷ 个体户联合市场

这里是选购家居用品和食物的好地方，可以买些新鲜水果，也可以喝一杯鲜榨果汁消暑。（53页）

❸ 旧市政厅

现在已成为邮局。二层的老会议室里，由人物蜡像摆成的会议场景会让你产生穿越的错觉。（47页）

❹ 贾米·埃勒·阿尔法清真寺

这座兼具殖民建筑风格和伊斯兰建筑风格的清真寺是科伦坡的地标性建筑，红白相间的外墙十分醒目。除周五的礼拜时间外，你可以入内参观。（54页）

❺ 三角大楼

在要塞区东北角的这座显眼的白色三角形大楼是典型的荷兰殖民时期建筑。（46页）

❻ Grand Oriental Hotel

这家酒店已有百年历史，你可以在露台观赏城墙外极佳的港口景色。

❼ 圣彼得教堂

与Grand Oriental Hotel北边拱廊相邻的这座教堂是由殖民时期荷兰总督的宴会厅改造而来。（45页）

❽ 劳埃德建筑

转入Sir Baron Jayatilaka Mawatha这条街，你会发现许多翻修后的殖民时期建筑群，宏伟的劳埃德建筑也是其中之一。（45页）

❾ 斯里兰卡总统府邸

你只能从外面张望这座戒备森严的院子，有时还需要绕路。

❿ 钟楼

它起初是一座灯塔，建于1857年。如今，它就矗立在官邸中间，一些时刻警惕的保安也成为风景。（45页）

⓫ 中心点

Chatham St的旧建筑中最宏伟的，莫过于建于1914年、廊柱高耸的中央银行，它又称为中心点。（53页）

⓬ 老荷兰医院

这座殖民时期建筑的历史可追溯到17世纪前叶。精心修缮之后，大楼里满是商铺、咖啡店和餐馆。（45页）

⓭ 鹈鹕观赏点

在要塞区的东南角，你或许能看到鹈鹕正站在灯柱上呢。

⓮ 加勒菲斯绿地

这片面朝大海的狭长草坪是广受当地人欢迎的约会地点。（49页）

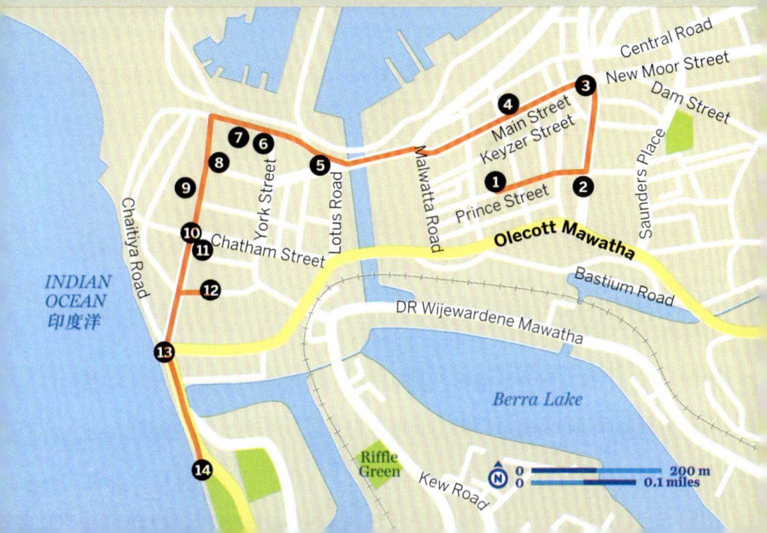

探索

加勒

香料的味道混杂着咸湿的海风，精美的欧式建筑群与造型独特的南亚风格碰撞融合，加勒处处都洋溢着浓郁的异国风情。三面环海的加勒要塞浓缩了几百年殖民文化的精华，慵懒而有格调的氛围深受旅行者的追捧，但也别错过新城，那里熙攘的商店和市场是当地生活最真实的写照。

一日游行程

吃完早餐，前往**Rumassala**和**平舍利塔**（75页）。让三轮车送你到Rumassala山下的cocobay，沿着平整的小路徒步上山。站在舍利塔前的观景台，加勒要塞、海湾和港口尽收眼底。然后从有"Jungle Beach"标记的小路下到**丛林海滩**（75页）。可以捧一杯冷饮，在树荫下欣赏这安静的海滩，也可以在这里浮潜。

回到加勒，到充满生活气息的**荷兰市场**（75页）逛逛，买点新鲜又实惠的水果，再到小吃摊上来点地道的当地食品。这周围有不少市集和传统商场，是时候施展你的砍价功夫了。逛累了，就回加勒要塞，到**Heritage Café**（76页）的花园式的庭院中喝一杯奶昔，歇歇脚。

在要塞的街巷中漫无目的地散步，傍晚之际来到**旗岩**（69页），与当地人一起等待斯里兰卡最美的日落和晚霞。然后到**Elita Restaurant**（76页）吃一顿地道的海鲜大餐。还不尽兴？就去**Pilgrims Lounge**（78页）喝两杯。

想体验加勒当地人的一天，见72页。

顶级景点

加勒要塞（68页）

当地生活

多元的要塞生活（72页）

加勒最佳

海滩

丛林海滩（75页）

餐饮

Elita Restaurant，海鲜（76页）

Fortaleza，当地风味（76页）

Royal Dutch Cafe，西餐（77页）

购物

荷兰市场，市场（75页）

Shoba Display Gallery，创意小店（73页）

到达和离开

长途汽车 加勒汽车站就在板球场北面，每天从早到晚都有长途客车发往全国各地。往来科伦坡和加勒的高速巴士（Rs420）单程只需75分钟。

火车 加勒火车站位于汽车站西侧。在著名的海岸线铁路上，每天分别有10班火车发往科伦坡（2~2.5小时）和马特勒（1~2小时），去往黑卡杜瓦（40分钟）的更加频繁，但周六日班次均有所减少。

顶级景点

加勒要塞(Galle Fort)

加勒要塞中有大约400座古建筑,教堂、清真寺、寺庙、商业街和政府大楼,它们大多都可追溯到17世纪的荷兰人统治时期。荷兰人在这里建起的坚固城墙,抵挡了几个世纪的炮火,还挡住了2004年的海啸。黄昏时分,当地人和旅行者都喜欢在要塞的城墙边漫步。葡萄牙人和荷兰人筑造的城墙是有区别的,后者的墙体往往设计得更宽厚一些,以便架设大炮。

见74页地图,B4

免费

大部分景点24小时开放

加勒要塞

不要错过

旧城门

（Queens St）在旧城门入口处，高挂着精致的英式盾形纹章。在门内侧上方的石头上，代表着Verenigde Oostindische Compagnie（荷兰东印度公司）的“VOC”三个字母，于1669年就被刻在了这里，两只狮子分立两旁，顶部是一只公鸡。这段古老的城墙曾被作为仓库，储藏着等待出口的香料。

旗岩

（Flag Rock; Rampart St）位于要塞最南端的旗岩，曾经是葡萄牙人的碉堡。在荷兰人控制时期，该地用于提醒来往船只小心周边危险的暗礁，旗岩因此而得名。不久后，荷兰人在此建了一座灯塔；后来灯塔被迁走，但附近街道的名字却保留了下来。如今，此地的日落景色最受旅行者欢迎。

正门

（Lighthouse St）正门位于城墙朝北的延伸处。由于朝向内陆，这个部分的防御工事最为严密——葡萄牙人一开始便在此修了条护城河，后来荷兰人又进一步将护城河加宽，还在1667年用城墙围成了星星、月亮、太阳三个独立的碉堡。现在的城门是英国人于1873年建造的，相对较新。

乌得勒支碉堡和灯塔

（Point Utrecht Bastion; Hospital St）加勒城墙的东段到乌得勒支碉堡为止，碉堡旁18米高的白色灯塔（Hospital St），是加勒要塞的标志性建筑，目前仍在使用。

灯塔海滩

（Lighthouse Beach; 紧邻Hospital St）灯塔的东边是一条美丽的小溪，经过一天辛苦的旅行之后，

☑ 独家贴士

▶近年来，旅行者的涌入使要塞内的消费一路走高。21:00后，这里许多餐厅和商店开始打烊。想玩得更经济实惠，可以到新城吃饭和购物。

吃喝落脚点

只有巴掌大的**Anura's Restaurant**（☎222 4354; 9 lighthouse St; 主菜Rs350起; ⏲8:00~21:00）提供咖喱饭、各种口味的面食和美味的比萨，很受背包客喜爱。艺术氛围浓郁的**Serendipity Arts Cafe**（76页）有不错的饮品和小吃。不过，要塞内几乎每周都有新开的享受佳肴的好地方，尝尝鲜也不错。

到达和离开

从加勒中心汽车站或火车站出来，绕过板球场就是要塞正门，步行约需10分钟。打三轮车到要塞内的酒店为Rs150~200。

了解当地

风云变幻的老加勒城

比加勒更加古老的两座古城——阿努拉德普勒和波隆纳鲁沃已成为被遗弃的城市，新城和遗迹之间泾渭分明。而在加勒城中，历史与现代完美地结合在一起，散发着无穷的活力。

一些历史学家认为加勒也许就是《圣经》中的“他施”(Tarshish)国——所罗门王在此获得宝石和香料。不过有更多的学者认为神秘的“他施”其实位于西班牙某处。不管怎么说，加勒是在欧洲人来了以后才开始引人注目的。1505年，一个去马尔代夫的葡萄牙船队被风吹离了航道，便来到这里的港口避难。显然，由于听到了公鸡的啼鸣(在葡萄牙语里公鸡叫galo)，葡萄牙人便给镇子取名加勒。另一个更加靠谱的说法是，加勒这个名字是由僧伽罗语岩石(Gala)演变而来的。

葡萄牙与康提王国之间的冲突不断，1589年，葡萄牙人在这里建立了一个小型的“要塞”(fort)，并把它命名为Santa Cruz。后来，他们又给这个地方增建了一系列的城堡和城墙。

1602年，荷兰人来了。为了换取斯里兰卡的自治，康提国王加辛哈二世(Rahasinha Ⅱ)将香料交易的垄断权交给了荷兰人。1640年荷兰人占领了加勒后，毁掉了葡萄牙人留下的大多数痕迹，并大规模地扩建和改建了要塞，使它更加坚固和壮观。现在要塞的大部分城墙和内部建筑都是在这个时期建造的。在要塞建设完工后的200年中，加勒一直是斯里兰卡的主要港口，船只往返于亚欧大陆时，这里是重要的停靠站。

到了1796年，法国控制下的荷兰人将斯里兰卡交给了英国人，商业的中心也从加勒转移到了科伦坡。19世纪后期，科伦坡港口完成了防波堤的建设，而这也让加勒坐实了国内第二大港口的地位，当然还是有不少船只和小艇会停靠在加勒。

2004年的海啸给加勒的新城区造成了重创。然而，要塞区坚固的城墙却一直保护着老城区免受灾难。而更为重要的是，由于荷兰人偏爱一流的排水设施，借助于建于18世纪而现在仍在使用的水渠，能够将灌入要塞内的洪水快速排干。

去溪中游泳是解除疲乏的最佳选择。

荷兰归正会

这座教堂始建于1640年，于1752~1755年改建成现今的样子。教堂的地板是由老荷兰墓园(old Dutch cemetery)的墓碑铺建而成(最早的一块墓碑可追溯到1662年)，友好的管理人员会告诉你逝者的遗骸保留在何处。教堂里依然摆放着1760年的风琴，还有用马来西亚运来的东印度乌木制成的布道台，气氛森严而让人印象深刻。这也是让人驻足乘凉的好地方。(Dutch Reformed Church; Great

加勒荷兰归正会

Church；Church St和Middle St交叉路口；⏲9:00~17:00）

海洋考古博物馆

入口位于标志性的老钟塔后方，这座与时俱进的考古博物馆比加勒的两座海事博物馆更引人入胜。两层的展厅中展示着这座城镇航海的艰难历程及深远的历史。细细参观，还能找到“郑和下西洋”的线索。（Marine Archeological Museum；Church St；成人/儿童 Rs650/325；⏲9:00~16:30）

荷兰医院

这是18世纪荷兰殖民地时期的标志性建筑，外观宏伟气派。因为当时很多荷兰人死于热带高温引起的连续生理反应，所以当局很注重医院的建设。这里曾服务于当时的荷兰船员和政府官员，现在已变身成为餐饮和购物中心。（Dutch Hospital；Hospital St）

国家博物馆

国家博物馆坐落在1686年荷兰人建设的大楼中，里面展出殖民时期的当地货币、日常生活用具和来自海上贸易的各种商品，包括部分来自中国的藏品。（National Museum；Church St；成人/儿童 Rs300/150；⏲周二至周六 9:00~17:00）

当地生活
多元的要塞生活

加勒要塞不但拥有坚实的外表，要塞内的生活也有声有色。城里有政府机关和贸易公司，行人在街上来来往往，空气中充满了活力和忙碌的气息。如今，历史氛围浓厚的加勒要塞中满是本国或外国的艺术家、作家、摄影师、设计师或诗人们经营的小型精品店、咖啡厅和酒店。从正门外的板球场开始进入要塞一路往南，你可以从学生们的运动场、引人回味的老建筑，明信片商店以及收藏品和手工艺品小铺中，感受加勒生活的古往今来。

步行到要塞正门很方便，从新城坐三轮车也不超过Rs100。

❶ 加勒国际板球体育场

作为曾经英国殖民者赌博的跑马场，加勒的这座板球场地已经存在了超过百年之久。自1998年起，该体育场就用于国际板球比赛。如果碰到大型板球比赛（尤其是对印度），一定要来感受一下现场气氛。平日里，这里是加勒中小学生们的运动场，可以看到孩子们像模像样地操练着板球和其他球类。不必走进体育场，站在要塞的城门上看就可以了。（Galle International Cricket Stadium；Main St）

❷ 安缦加勒酒店

穿过酒店深深的门廊，就仿佛回到200多年前的殖民时代。安缦加勒酒店是1684年为了接待荷兰总督及其官员而建造的，花园、餐厅、家具、摆件，甚至精致的灯具和餐具都值得细细品鉴。可以在这里享受英式下午茶，甜腻的蛋糕和香醇的红茶会让你沉浸在伯爵夫人的美梦中。醒醒，这里价格不菲，除了餐食，你还要为氛围埋单。（Amangalle；☎223 3388；www.amanresorts.com；10 Church St）

❸ Historical Mansion

荷兰式楼宇中的**Historical Mansion**汇集了一个超级收藏家的个人收藏品。这里称得上是一个小型博物馆，但许多展览品上都有标价。不过，它更像是殖民时期艺术品的堆积场，包括一系列旧式的打字机，还有VOC（荷兰东印度公司）时期的瓷器、眼镜和珠宝，里面还有一家宝石商店。你可以试着从这些旧物中窥探加勒数百年间的生活习俗。（31-39 Leyn Baan St；⏲9:00~18:00）

❹ Stick No Bills

别错过这家不起眼的纪念品店，这里售卖店主自己设计的明信片，除了斯里兰卡几十年来不断变化的风景，还有各种本地电影招贴画——总之一切都与斯里兰卡有关。（☎224 2504；35 Church St；⏲9:00~18:00）

❺ Mamas Galle Fort

Malini Perera是Mamas Galle Fort餐馆里名副其实的“Mama”。她经常和女儿在小厨房里烹调她们喜爱又易做的米饭和咖喱。这里的一切都很新鲜，包括食材、经营方式和气氛。你会在她的烹饪课（US$30）上学做这些饭菜，课程费还包含了新城市场之旅。（☎223 5214；紧邻Church St；主菜Rs350起；⏲11:00~21:00）

❻ Shoba Display Gallery

这家商店教当地妇女学习濒临失传的手艺，并以合理的价格收购她们制作的产品。这里的蕾丝工艺品设计新颖独到，即使你不买东西，也可以进来看一看蕾丝制品的制作过程。可以咨询优质蕾丝制作课程和剪纸课程。这里附带的小咖啡馆也相当好。（www.shobafashion.org；67 Pedlar St；⏲9:00~18:00）

❼ 要塞城墙

城墙大概是当地人最爱的休闲地了。漫步时，你会看到羞涩的情侣依偎在一起，许多孩子在保护水域中玩耍嬉戏，或是从旗岩对面的岩石上往海里跳。旗岩附近有许多商贩推着小车，售卖不错的街头零食，可以买一份撒着辣椒粉的新鲜木瓜，与当地人一起等待落日。

A
B
C
D
1
2
3
4
5
Havelock Pl
11
Galle
火车站
Sri Lankan
Airlines
斯里兰卡航空公司
Colombo Rd
Gamini Mw
汽车站
12
Wackwella
Main St
Dharmapala
Park
Butterfly
Bridge
Esplanade Rd
Market
市场
Dutch
Market
荷兰
市场
1
Samdradis Mw (Sea St)
Main St
主邮政局
3
Jungle
Beach
丛林海滩
2
Rumassala
Peace Pagoda
Rumassala
和平舍利塔
详细介绍请见
顶级景点 68页
景点和活动 75页
就餐 76页
饮品 77页
购物 78页
0 200 m
0 0.1 miles
Star
Bastion
星星碉堡
Moon
Bastion
月亮碉堡
Sun
Bastion
太阳碉堡
Galle
Harbour
加勒港
Ram part St
ATM
Baladaksha Mw
16
7
Middle St
Middle St
Dutch
Reformed
Church
荷兰归正会
Queens St
Old
Gate
旧城门
Aeolus
Bastion
风神碉堡
Galle Fort
加勒要塞
Church Cross St
Rampart St
Spa
Sandeshaya
8
4
14
Lighthouse St
Church St
Leyn Baan St
Akersloot
Bastion
Front
Cross St
Clippenberg
Bastion
Neptune
Bastion
Aurora
Bastion
6
5
Galle Fort Spa
Pedlar St
9
17
10
New Lane
15
New Lane 2
13
18
Hospital St
INDIAN OCEAN
印度洋

景点和活动

荷兰市场 市场

1 见74页地图，D1

在荷兰市场，你可以买到加勒最新鲜的水果和蔬菜。市场建在一座柱式的大棚下，已有300年历史。荷兰市场周边是个巨大的商业区，有许多售卖新鲜食材或香料的小市场及一些生意很热闹的小店，在里面逛逛非常有趣。(Dutch Market; Main Street)

Rumassala和平舍利塔 宗教建筑

2 见74页地图，D1

Rumassala和平舍利塔位于半岛最西端，由日本大乘佛教僧人于2005年建成。当时他计划在饱受战乱的世界各地建造和平寺庙(斯里兰卡正值战火)，Rumassala和平舍利塔就是计划的一部分。从加勒要塞很容易看到闪烁的白色佛塔，佛塔也是瞭望整个加勒城的最佳观景点。从要塞乘三轮车到山脚(约Rs200)再步行上山，也可乘车直达舍利塔。(Rumassala Peace Pagoda; Rumassala; 24小时)

丛林海滩 海滩

3 见74页地图，D1

这里有一个几乎人尽皆知的“秘密”景点：丛林海滩一直延伸至加勒海湾东端的热带森林里。海滩上沙子绵细柔软，到处都可以乘凉，还有个简易咖啡馆，大部分司机都能带你找到这个景点；往Rumassala和平舍利塔方向行驶1公里，可以找到景点标志。(Jungle Beach; Rumassala; 24小时)

Spa Sandeshaya 水疗

4 见74页地图，B4

这儿的按摩师技术非常到位，针对不同部位采用不同的手法，让你有明显的经络被疏通的感觉。听着舒缓的音乐，可以让精神和身体同时放松。不过这家SPA只有一个房间、一张按摩床和一个按摩师，要想跟同伴一起按摩就没办法了。(071 426 6000; 44 Lighthouse St; 按摩

当地生活

高跷渔夫看不看？

如果你对斯里兰卡的标志性画面——黄昏的霞光中，瘦削的渔夫站在海浪中的木架上垂钓——梦想已久，来到加勒所在的南部海岸，你的美梦很快便能成真。从加勒往东的乌纳瓦图纳(Unawatuna)、科加拉(koggala)、迷迪伽玛(midigama)沿线都能找到。但海边往往只有一排空空的高跷，渔夫呢？当你从车上下来左顾右盼的时候，他们就出现了。现在，高跷渔夫(stilt fisherman)已经成了付费表演项目，但并非付费就都能看到，为了躲避烈日，渔夫们的上岗时间通常在早上8点前或下午5点后。至于价格，就要看你砍价的本事了。但是他们绝对敬业——在站上高跷之前，鱼已经事先挂在渔竿上了。

Rs5000/50分钟；8:00~20:00）

Galle Fort Spa
水疗

5 见74页地图，B5

高水准的水疗中心由Fortaleza宾馆的主人运营，你可以尽情享受整套的水疗服务，这里所为你配备使用的都是高端的药剂和乳液产品。（077 725 2502；63 Pedlar St；按摩 Rs5500/小时起；8:00~18:00）

就餐

Spoon's Cafe
斯里兰卡菜 $$

6 见74页地图，B5

Shamil Roshan Careem是加勒最古老家族之一的后代，酷爱烹饪。我们非常幸运，因为他刚新建了一间小咖啡馆，提供超级美味的咖喱；他都是按照家传食谱来做的。还要留点肚子来尝尝他做的"丝绸之路太妃糖"（Silk Route Toffee），这将可能是你在斯里兰卡吃到的最好的甜品了。（077 102 0063；100 Pedlar St；餐 Rs450起；11:00~21:00）

Elita Restaurant
海鲜 $$

7 见74页地图，B4

Krishantha Suranjith在比利时做过13年的厨师，擅长烹饪海鲜。他新建的两层餐馆可以眺望到灯塔和海港的美景，也是品尝各式海鲜料理的好地方。你可以选一张正对大海的桌子就餐。但在饭点人多的时候，一个主厨难免有些忙不过来，要做好等待的准备。（077 242 3442；34 Middle St；餐 Rs500起；11:00~21:00）

Fortaleza
各国风味 $$$

8 见74页地图，B4

古老的香料仓库内有一个大庭院，庭院四面是立满柱子的门廊。这里的氛围安静而优雅，提供合人心意的当地风味，也融合了一系列不同菜式如羊排和海鲜。小酒吧出品优质饮料；在这里吃早餐也是一种享受。（223 3415；9 Church Cross St；主菜 Rs800起；8:00~22:00）

Heritage Cafe
各国风味 $$

9 见74页地图，C5

特别的沙拉和几乎囊括半个地球菜品让这家咖啡馆脱颖而出，其中主打的是南亚菜品。阳光下的露台和庭院中的花园，都是用餐的好地方。在特别闷热的时候，来一杯鲜榨果汁或者奶昔再惬意不过了。（224 6668；53 Lighthouse St；主菜 Rs800起；8:00~22:00）

Serendipity Arts Cafe
各国风味 $$

10 见74页地图，D5

这家艺术氛围浓郁的咖啡馆菜品融合了各地的风味，包括西式的三明治和东方的咖喱，还有培根鸡蛋米粉煎饼（Hoppers）和味道不错的滴漏咖啡。咖啡馆外面有张大桌子，走过加勒要塞步道时可以在此驻足休息。还可咨询烹

视觉中国 提供

加勒的街景

任课程。(65 Leyn Baan St; 餐 Rs350起; ⏲8:00~21:00)

The Old Railway Cafe 咖啡馆 $$

11 见74页地图，A1

这家装潢精致的小咖啡馆位于运河边的一幢二层小楼内。一层的精品店里售卖当地(价格不贵)的衣服、装饰品和纪念品；咖啡馆在二层，坐在窗边能吹吹海风，还能欣赏到运河风光。写在黑板上的菜单包括许多创意汤、沙拉和主菜，你可以试试当地的鲭鱼和培根对虾，再来一块柔软嫩滑的香蕉蛋糕做餐后甜点。主人夫妇非常好客，如果你愿意，尽可与他们畅所欲言。(☎077 626 3400; 42 Havelock Pl; 餐 Rs300~800; ⏲周一至周六 9:00~18:00)

South Ceylon Bakery 斯里兰卡菜 $

12 见74页地图，B1

位于汽车站对面的这家快餐店价格实惠，很受当地人欢迎。小店里的甜咸各色点心让人无法拒绝，美味的咖喱让人垂涎。上长途车前，来这里迅速解决一顿再合适不过了。(☎223 4500; 6 Gamini Mawatha; 主菜 Rs100~300; ⏲8:00~21:00)

饮品

Royal Dutch Cafe 咖啡馆

13 见74页地图，D5

咖啡馆主人Fazal Badurdeen的名

片上印着“会讲故事的人”，他有太多的故事。这里茶和咖啡的种类很多，从肉桂豆蔻口味到生姜口味都有。这里提供少量的咖喱，在早餐的时候还有很棒的香蕉薄饼。从进门廊的一刻起就开始享受吧。（☎077 177 4949; 72 Leyn Baan St; 餐Rs450起; ⏲8:00~19:00）

The Living Room 休闲酒吧

14 见74页地图，B4

此处既有休息室又有设计师的小店，还是加勒气氛最好、价格适中的酒吧。酒吧主人同时经营着鲜花生意，橱窗内精心打理过的鲜花散发着香气。店内到处都是生动而又别出心裁的艺术品，你可以一边来杯鸡尾酒，一边欣赏。（50A Lighthouse St; ⏲17:00开始）

视觉中国提供

加勒的老酒店

Pilgrims Lounge 酒吧

15 见74页地图，B5

经营这家露天酒吧的是一个朝气蓬勃的小伙子，酒吧的气氛也很活跃。你可以爬上摇摇晃晃的楼梯到露台欣赏一下海景，或是在晚上11:00时享受一杯冷啤。不过你来这里的真正意义应该是去结交新的朋友。（Rampart St; ⏲正午至深夜）

Amangalla 鸡尾酒吧

16 见74页地图，C4

你可以坐在加勒这家标志性酒店的走廊里，啜一口混合不同口味的果汁或品一下上好的殖民地时期盛行的酒。斜靠在豪华藤椅上，时光就这样一分一秒地过去，何等惬意！（☎223 3388; 10 Church St; ⏲11:00~23:00; 📶）

购物

Barefoot 工艺品

17 见74页地图，C5

极富民族风情而又不失时尚气息的服装、珠宝，还有高品质的家居装饰品、手工艺品等都是这家高品质连锁店的标志性商品。书籍区有一系列非常不错的，以“斯里兰卡”为主题的图书。（☎222 6299; www.barefootceylon.com; 41 Pedlar

了解当地

喝茶去

距加勒约15公里，坐落在科加拉的山上的**恒达格达茶庄**（Hundungoda；☎077 329 0999；紧邻Kathaluwa Rd；⌚8:00~18:00）是一片精致的茶业种植园。在这里，茶叶不会因为谁出价最高就大批出售，而是需要你细细品味，用心享受。在一小时的免费之旅中，你会体验以及了解他们是如何种植超过25个品种的茶叶。其中最令人垂涎的处女白茶（Virgin White tea），用最鲜嫩的茶叶沏成，清淡可口。大型的种植园工人平均一天会采摘23千克的红茶，而在这里工人每天最多只能采集150克的处女白茶的叶子。从Galle-Matara Rd 131公里的地标处沿着Kathaluwa Rd往内地行走6公里即可到达。

St；⌚周一至周六 10:00~19:00，周日 11:00~17:00）

Small Antique Shop 旧货

18 见74页地图，D5

商店比名字暗示的还要窄小，这个巴掌大的地方摆着许多商品，有些是从对面的海滩上冲洗过的，有些是从穷乡僻壤搜集来的，有的是从脏旧的楼阁里挑出来的。商店主人富有魅力又善谈（就在我们刚问过店名后，他就起了这个名字）。（Hospital St）

最佳步行游览
要塞漫步

简介

这段徒步旅行将带你穿越400年的历史，囊括加勒许多亮点。要塞的巨大魅力之一，就是可以随意绕道，漫无目的地闲逛都能有令人惊喜的发现。因此在走下面的路线时，你尽可以随时拐弯另选道路。

起点 钟楼

终点 钟楼

距离 约2.75公里；3～4小时

吃喝落脚点

老荷兰医院里有不少餐饮选择，也适合乘凉和休息。而在灯塔与旗岩之间的**Dairy King**（69A Church St；⏲11:00～22:00），有加勒最棒的冰激凌。此外，Pedler St聚集了不少有格调的咖啡厅，其中Spoon's cafe（76页）的西餐和甜品都很棒。

视觉中国提供

加勒当地人在要塞城墙上练习板球

❶ 钟楼

多亏了1882年英国制造的精良的内部机械装置，让这个钟表至今能够准确无误地显示时间。透过窗口瞭望板球场那边的新城（New Town），一片喧闹繁忙的景象。

❷ 太阳堡垒

沿墙内侧东行，在正门（69页）驻足后，穿过Lighthouse St，来到太阳堡垒（Sun Bastion），是欣赏海港的好地方。

❸ 荷兰归正会

沿路折回Church St，这里是老荷兰加勒的中心，慢慢行至荷兰归正会（70页）。教堂对面是另一个钟楼（1901年建立），海啸来袭时它会拉响警报。

❹ All Saints Anglican Church

继续往南，来到了位于Church Cross St街角的All Saints Anglican Church，这座坚固的石头建筑让人联想到它的英国家乡。教堂对面是建于1683年的荷兰总督府。

❺ 黑堡

沿着Queens St往东，经过旧城门（69页）后，来到要塞东北角古老的黑堡（Zwart Bastion），这座葡萄牙人建立的碉堡有些部分可追溯至1580年。

❻ 荷兰医院

沿城墙往南，绿树成荫的法院广场不远就是耗巨资修建的荷兰医院（71页）。这里现在是小型餐饮和购物中心，可以进来歇歇脚。

❼ 灯塔

继续往前，远远就能看到要塞东南角的灯塔（69页）。随后道路转向西方，马路对面洁白壮观的Meeran Mosque，是加勒生机勃勃的穆斯林社区中心。

❽ 旗岩

可以在旗岩（69页）尽情玩耍。几个世纪以来，这附近的暗礁曾令数十船只沉没。

❾ Sudharmalaya Temple

沿城墙来到咖啡馆林立的Pedlar St，在Parawa St路口往北。这两个狭窄的街区有一些最典型的旧荷兰殖民时期的房子——拥有粗柱和遮阳的门廊。沿路向西，在城墙街街角你会发现Sudharmalaya Temple及其坚固的舍利塔。如果恰巧碰上满月日，你可能遇上庆祝仪式。

❿ 星星碉堡

沿路返回城墙后向北，这片广袤的草地直到现在还是加勒现代陆军基地的一部分。经过风神碉堡来到要塞的西北角，在星星碉堡（Star Bastion）上，荷兰人多次使用炮台工事作为监狱和关押奴隶的地方。转完一圈后，你会回到钟楼。

探索

南部沿海

这里是斯里兰卡最浪漫和奇幻的所在。青青的稻田、亮绿的棕榈树、象牙白的海滩和蓝绿色的海洋相互映衬。你可以从发亮的珊瑚礁边潜水而过，或是在风浪温和的沙洲学习冲浪；也可以到近海，看巨大鲸鱼喷水的画面。只想休息？那就撬开一只椰子，滑进一张吊床，在微风中尽情来一个“斯里兰卡瘫”吧。

在南部沿海的……

1天

去**乌纳瓦图纳**（91页）。对大多数人来说，在沙滩上躺一整天，或者在咖啡馆里待一整天，就是乌纳瓦图纳主要的消遣方式。当然，你也可以到**Unawatuna Diving Centre**（91页）参加出海浮潜，然后去**Sanctuary Spa**（91页）享受一个放松的水疗。太阳落山时，到**Shekira Restaurant**来一杯冰啤，或者点一份非常便宜的烤鱼大餐犒劳自己。

2天

若逢12月至次年4月，第1天游完后住到**米瑞莎**（93页），第2天一早到位于港口的**Raja and the Whales**（93页）参加蓝鲸团队游，此时是鲸鱼出现的高峰期，运气好的话，也许还能看到抹香鲸或海豚。而在4月到9月的海龟产卵期，可以考虑到**雷卡瓦海滩**（85页）观察小海龟的第一次蹒跚学步。

3天

前2天同上。第2天傍晚到**提萨玛哈拉玛**（96页）安顿下来，以便第3天一早启程前往野性十足的**亚拉国家公园**（96页）。半天的游览之后，乘公共汽车返回加勒。

顶级景点

坦加勒地区的海滩（84页）

南部沿海最佳

海滩

雷卡瓦海滩（85页）

动物观赏点

亚拉国家公园，野生动物（96页）

本达拉国家公园，鸟类（96页）

水上活动

米瑞莎，观鲸（93页）

乌纳瓦图纳，潜水（91页）

迷迪伽玛，冲浪（95页）

养生

Yoga with Asiri，瑜伽中心（91页）

Sanctuary Spa，阿育吠陀（91页）

餐饮

Sunrise Seafood Restaurant，海鲜（92页）

到达和离开

长途汽车 前往南部沿海最大的中转站是加勒（66页），马特勒则是这里的交通枢纽。两处都有许多沿海滨公路的班车到达周边小镇。

火车 马特勒火车站是沿海岸线铁路的最后一站，可从这里前往科伦坡（4小时）、加勒（1小时）和康提（1.5小时），沿海火车途经米瑞莎。

顶级景点

坦加勒地区的海滩

坦加勒是通往斯里兰卡东南部海滩的门户，它也是一个分水岭——西边是风景如画的热带气候小海湾，而东边则是斯里兰卡东南部多见的漫长海滩，那里的风浪十分活跃。在坦加勒市中心南部的海滩非常美丽，可惜距离公路和车流太近。而在市区不远的东部，有三片各具特色的海滩，每个海滩都有一系列的住宿场所，远离嘈杂，也有自己独特的景色。

免费

大部分海滩24小时开放

梅达可提亚海滩

不要错过

梅达可提亚海滩（Medaketiya Beach）

这片海滩沿着小镇向东北延展开来，沿岸有良莠不齐但价格低廉的客栈和咖啡馆。沙滩呈金色，但偶尔会卷起巨浪，游泳略有危险。在东北端，繁忙的公路伸向内陆，因此要安静很多。不幸的是，很多企业正在建立防波堤，搅乱了沙滩的潮汐流动。

马拉科里亚海滩（Marakolliya Beach）

这里基本上是梅达可提亚海滩的延续，但离镇子更远。这片海滩非常美，有一望无际的绵软海滩，海滩边则是棕榈树、热带花朵和红树林沼泽地。在夜晚，海龟们爬上海滩下蛋；白天，你也许会幸运地在海滩上搜罗到不少贝壳。你可以通过很多方式安排沼泽观光、观鸟或租赁独木舟。然而，需要注意的是，这里频繁的卷破波和海底逆流非常危险，因此并不适合游泳。

雷卡瓦海滩（Rekawa Beach）

在坦加勒以东10公里的地方，这是另一片出色的海滩。和马拉科里亚类似，却没有被过度开发。这里有一片绵延的风浪交加的海滩，并不适合游泳。沿Hambantota Road的203公里路标处附近的小路可以到达。

☑ 独家贴士

▶ 每年4~9月，海龟都会爬上雷卡瓦海滩下蛋。可提前联系当地团队游（Turtle Watch Rekawa; ☎ 076 685 7380; www.turtlewatchrekawa.org）了解情况，如果当天没有海龟出没，那就改天再来吧。

吃喝落脚点

位于镇子以东1.5公里，约在198公里路标处的**Saliya Restaurant**（Hambantota Rd; 餐 Rs250~500; ⏲7:00~20:00）外形是个异乎寻常的小木屋。这里有很棒的海鲜、米饭、咖喱饭，还能一览红树林的美丽风景。

到达和离开

坦加勒的长途汽车站位于主环海公路（Hambantota Road）上，有班车往返于西部的加勒（Rs116，2小时）和东部的提萨玛哈拉玛（Rs110，2小时）。去往海滩可乘坐发往东部的班车后步行前往。乘三轮车到最远的雷卡瓦海滩约需Rs1500。

A
B
C
D
1
2
3
4
5
详细介绍请见
景点和活动 91页
就餐 92页
饮品 93页
N
0 200 m
0 0.1 miles
Buddhist Temple
佛教寺庙
Secret Garden
3
Sanctuary Spa
2
Yaddehimulla Rd
Wella Dewala Rd
GG Happy Tours
Wella Dewala Rd
7
10
9
8
Unawatuna Bay
乌纳瓦图纳湾

E
F
G
H
1
2
3
4
5
Yoga with Asiri
1
122km Marker
122km路标
Wella Dewala Rd
11
Galle–Matara Rd
Sea Horse Scuba Diving Centre
5
4
Unawatuna Diving Centre
6
No Beach: Boulders and landfill up to the hightide line
无沙滩:巨石和垃圾填埋场位于涨潮线之上。

A
B
C
D
1
2
3
4
5
4
Subodinee Surf School
Mihiriwella Road
Harbour Road
Matara Road
6
Sunanda Road
1
Raja and the Whales
Kottashi Gedara Rd
2
Paradise Beach Club
详细介绍请见
景点和活动 93页
就餐 95页
0 200 m
0 0.1 miles

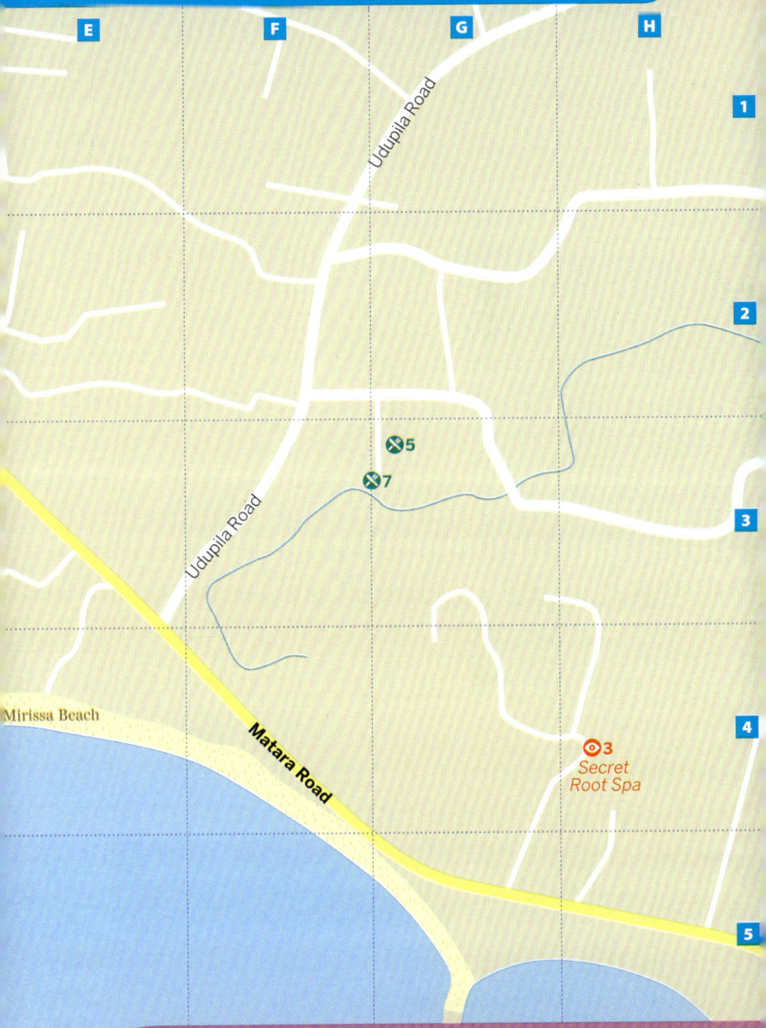
E
F
G
H
1
2
3
4
5
Udupila Road
Udupila Road
5
7
Matara Road
Mirissa Beach
3
Secret Root Spa

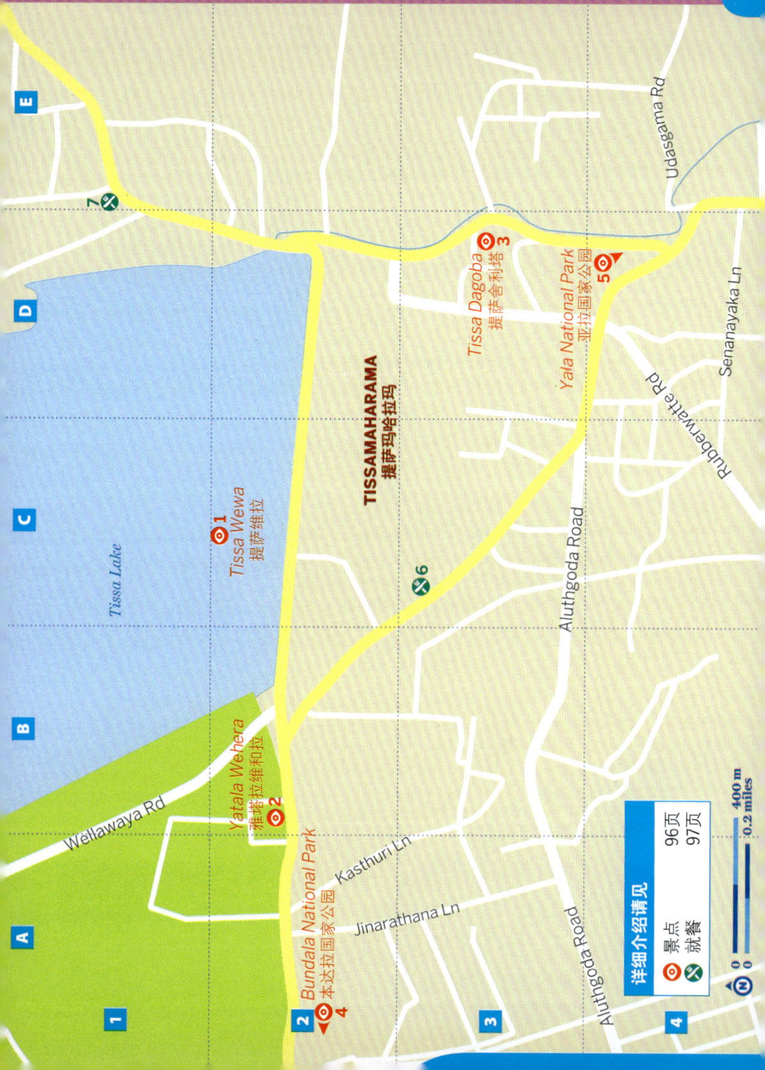
TISSAMAHARAMA
提萨玛哈拉玛
Tissa Lake
1 Tissa Wewa
提萨维拉
2 Yatala Wehera
雅塔拉维和拉
3 Tissa Dagoba
提萨舍利塔
4 Bundala National Park
本达拉国家公园
5 Yala National Park
亚拉国家公园
6
7
Wellawaya Rd
Kasthuri Ln
Jinarathana Ln
Aluthgoda Road
Udasgama Rd
Senanayaka Ln
Rubberwatte Rd
详细介绍请见
景点 96页
就餐 97页
0
400 m
0
0.2 miles
A
B
C
D
E
1
2
3
4

乌纳瓦图纳（Unawatuna）

景点和活动

Yoga with Asiri
瑜伽

1 见86页地图，F1

这间工作室与它的创办人同名。Asiri在初学者和专业人士心目中都是传奇人物，他会解释每一个动作，让所有学员都能沉浸其中。由于为人热情，教学风格也大受欢迎，可谓名利双收。（☎077 176 4662；6 Wella Dewala Rd；阶段课程 Rs1000起）

Sanctuary Spa
水疗

2 见86页地图，D4

如果说假期就是宠爱自己，别的什么都不干的话，那这里绝对是你的福音。这家水疗所同时也是一个阿育吠陀（Ayurveda）中心，距离沙滩不远，工作人员热情友好，做完按摩还会赠送一只金椰子，就是价格也有点贵。从水疗所入口处开始，你就能感受到宁静的氛围了。（☎077 307 8583；136 Wella Dewala Rd；水疗练习 Rs5000起）

Secret Garden
瑜伽

3 见86页地图，C3

来这里感受内心的平和以及那些你从未感知到的肌肉吧。这个备受推荐的瑜伽课程位于秘密花园酒店（Secret Garden hotel）穹顶瑜伽馆的凉亭里，每日两次。这里也会提供阿育吠陀和按摩服务。（☎077 761 4119；紧邻Wella Dewala Rd；瑜伽课程 Rs1000起，按摩 Rs3000起；瑜伽课程 9:00和17:00）

Unawatuna Diving Centre
潜水

4 见86页地图，G4

配有减压装备的潜水店。这里为初学者提供体验式潜水探险，每天还组织两次3小时的出海浮潜之旅。（☎224 4693；www.unawatunadiving.com；紧邻Galle-Matara Rd）

Sea Horse Scuba Diving Centre
潜水

5 见86页地图，F3

久负盛名的老店。提供整套的浮潜和潜水之旅，也包括去半岛北侧的丛林

当地生活

海边漫步

在乌纳瓦图纳或周边有许多适合散步的步道，均不超过2公里。

- 爬上Yaddehimulla路背后的那座山坡，在那里，你能看到远处加勒要塞的景色。
- 沿着Galle-Matara路向北走，绕过海滩西端露出的那个小石丘来到卢马萨拉（Rumassala）。海角上的寺庙被栅栏围了起来，但是你可以爬到山顶看看Rumassala和平舍利塔。
- 半岛北部，偏僻的丛林海滩（75页）颇受欢迎。如果你不愿意走过2公里翻过山头，再乘小舟到达海滩的话，有很多划船者可以带你前往。

海滩。(☎228 3733; www.seahorsediving lanka.com; 浮潜装备租金 Rs800/天, 潜水游 25欧元起)

就餐

Lucky Tuna 海鲜 $$

6 见86页地图, E3

这家沙滩上的餐厅环境别致。午餐的食物中规中矩,但酒水冷饮选择丰富,午后来喝两杯是个不错的主意。晚上7点后餐厅有丰盛的海鲜烧烤,食材新鲜。你可以点一杯冰啤,同时大快朵颐一顿物美价廉的海鲜大餐。(Welle Dewalaya Rd; 餐 Rs500起)

Hot Rock 斯里兰卡菜 $

7 见86页地图, C4

几家靠海的小餐馆合并成了一家菜馆,这便是其中之一。在沙滩上可以尽情享受这里的当地海鲜,还有廉价的啤酒。菜单上大肆推荐的许多猪肉菜肴,在本地并不常见。(☎224 2685; Wella Dewala Rd; 餐 Rs300~800; ⏲9:00~22:00)

Sunrise Seafood Restaurant 海鲜 $$

8 见86页地图, B5

穿过海滩西头的一条小溪,你就能发现这家靠近寺庙的简朴餐馆。餐馆远离闹市,背向大海,地理位置优越。海鲜都是从停泊在沙滩上的捕鱼船里挑拣出来的。可以点一份用很多大蒜来烹调的虾。(☎091 454 5130; Beach; 主菜 Rs500起; ⏲11:00~21:00)

Kingfisher Restaurant 海鲜 $$

9 见86页地图, C5

这家沙滩上的海景饭店经营丰富的海鲜料理,以泰国和意大利口味为主,龙虾可以让你一饱口福。在旺季,沙滩上等待桌位的人会很多,提前预订为宜。(☎091 225 0312; Wella Delaya Rd; 餐 Rs800~2000; ⏲周二至周日 9:00至午夜)

One Love Restaurant 斯里兰卡菜 $$

10 见86页地图, C4

One Love餐厅以前就位于涨潮线上方,现在又重新搬回了海滩,并在沙滩上摆了许多桌子。当地人都很喜欢选择这里经典的米饭配咖喱,一定要强调你喜欢辣的。(Wella Devala Rd; 餐 Rs400

当地生活

把美食带回家

想让远方的密友也尝尝纯正的斯里兰卡风味?在**Sonjas Health Food Restaurant**(☎077 961 5310, 224 5815; Wella Dewala Rd; 烹饪课程 Rs3000起)开办的为期1天的烹饪课程值得大力推荐。该课程会向你介绍斯里兰卡最具特色的美食制法,还会教你很快的调配属于自己的咖喱粉。课程由可爱的Karuna所带领,费用中还包含了一趟去加勒集市的活动。你至少需要提前一天预订。

视觉中国提供

米瑞莎的海滨餐厅

起；⌚9:00~22:00）

饮品

Le Café Francais Bakery & Boutique

甜品

11 见86页地图，E2

在乌纳瓦图纳，这里是享用正宗西式糕点的不二之选。餐厅有着清新的装修风格，糕点是每天新鲜出炉的，芝士蛋糕、慕斯、泡芙、牛角面包还有馅饼等选择应有尽有。还有茶和咖啡佐餐。（☎077 740 1014；周二至周日 9:00至午夜；55/1 Yaddehimulla Rd；⌚8:00~18:00）

米瑞莎（Mirissa）

景点和活动

Raja and the Whales

观鲸游

1 见88页地图，A3

在观鲸之外，这家公司还会带给你舒心的体验。他们有一艘很漂亮的新船和周到的服务。导游有着丰富的经验，介绍很详细。对于晕船而身体不适的乘客，除了发放晕船药片，还会照顾和关心他们。他们遵从接近鲸鱼的国际准则，不会因为取悦乘客而打扰到鲸鱼的生活。虽然价格有些贵，但绝对物有所值。（☎077 695 3452；www.rajaandthewhales.com；Mirissa Harbour；成人/儿童 Rs6000/3000）

了解当地

米瑞莎的蓝鲸

直到最近几年，海洋生物学家才意识到，地球上现存最大的哺乳动物蓝鲸，跟许多度假者惊人地相似：它们都喜欢斯里兰卡的海岸。在米瑞莎附近的水域以及东面的唐佳角（Dondra Head），经常聚集的蓝鲸数量为世界之最。（东岸的亭可马里是另外一个观看蓝鲸的绝佳场所，见184页）。

蓝鲸的统计数据与其自身的体积一样令人惊奇：长30米，重170吨的体积比任何已知的恐龙还要重很多。据说蓝鲸的寿命可达80多岁，但由于对其研究甚少，人们对这一点了解得并不清楚。研究欠缺的主要原因是20世纪70年代捕鲸业被禁止后，蓝鲸已经所剩无几（那时整个世界海洋范围内大约只有5000头蓝鲸，只是200年前蓝鲸数量的1%）。

坐船观光米瑞莎一带的蓝鲸是旅行者光顾这里的主要原因，这里有许多旅游公司，竞争很激烈。除了蓝鲸之外，体格稍小的抹香鲸（长20米，重57吨）以及各种各样的海豚也经常在这里出没。有几点必须说明一下：

尽管蓝鲸全年都出没，12月至次年4月是蓝鲸出没的高峰期。

避开5月至6月的季风季，这时水流汹涌、海浪滔天。

游览一般在6:30出发，航程为2~7个小时，这要取决于找到鲸鱼要用多长时间。如果海域波浪汹涌，可能会花费一整天的时间。

公认的旅游船至少设置两层观光区域，并且配有比较像样的厕所。

请注意参与那些遵守接近鲸鱼国际公约的旅游团。预订旅行之前把这一点问清楚。

不要找唯利是图的旅行经营者，也不要用私自租赁的渔船，因为他们中有很多船只可能会侵扰鲸鱼，如用两艘船把一头鲸夹在中间。

请咨询船上是否提供食物和饮料。同时弄清楚是否有可供乘客使用的双筒望远镜。

Paradise Beach Club 观鲸游

2 见88页地图，D4

这家规模不大的海滩度假村经营着自己的酒店和餐厅，也提供观鲸游服务。（☎225 1206；www.paradisebeachmirissa.com；Gunasiri Himi St；观鲸游 50美元/人）

Secret Root Spa 阿育吠陀

3 见88页地图，H4

从海滩的东段向内陆走200米，这间家庭经营的宁静小店就会出现在丛林小道的尽头。这是一个阿育吠陀治疗中心，在这里你的压力将会得到最大的释放。

（☎077 329 4332；紧邻Galle-Matara Rd；按摩 Rs2500/小时）

Subodinee Surf School 冲浪

4 见88页地图，C1

由法国人Yannick经营，是当地最好的冲浪学校，有种类最多的冲浪板可供租借（每天10美元起）。他同时还经营一家名为Subodinee的客栈。（☎077 765 9933；www.subodinee.com；紧邻Galle-Matara Rd，Midigama；2小时课程 30美元，三节课程 75美元）

就餐

No1 Dewmini Roti Shop 斯里兰卡菜 $

5 见88页地图，G3

这家店很古老，但仍旧是当地最好的甩饼店。这里还出售kotthus（把甩饼切碎加上蔬菜）以及美味且分量十足的米饭和咖喱，还有当地风味菜肴——不要错过这里的南瓜。总是微笑待人的厨师和店主还为游人开设了烹饪课程（教授6种咖喱的做法，价格为Rs2000）。从海滩往内陆走，路过Amarasinghe Guest House再向前走200米，就能到达这家店。（紧邻Udupila Rd；餐 Rs200起；8:00~21:00）

Margherita Italiano Restaurant 意大利菜 $

6 见88页地图，D2

据说这家意大利餐厅主厨曾在迪拜的高级酒店做过10年厨师。餐品所用的食材都很新鲜，薄底pizza香脆可口，意大利面很有嚼劲。还有烤鸡、烤鱼、海鲜饭、沙拉和甜品，都是精心制作的。正宗的口味吸引了不少客人，所以在饭点难免上菜速度会有些慢。（紧邻Galle-Matara Rd；餐 Rs300起；8:00~23:00）

Little Tuna Sushi Cafe 亚洲料理 $

7 见88页地图，G3

要是吃腻了咖喱、炒饭或西餐，这家日式料理可以帮你换个口味。不过寿司的水平不太稳定，价格也偏贵。餐厅中满是吊床和大抱枕，是个休闲放松的好地方，

了解当地

试着学冲浪

在米瑞莎西边不足10公里的迷迪伽玛（Midigama）海域是斯里兰卡最好的冲浪者家园，此处也有许多平价住宿可供选择。迷迪伽玛的懒人滩（Lazy Left）冲浪点可谓名副其实——卷曲的浪头慵懒地拍打在岩石上，散入沙湾——这是初学者起步的好地方。再往前走几百米就是浪头较大的Ram’s Right，适合进阶者前来挑战。另外，3公里外的韦利格默（Weligama）海浪比较柔缓，也是个学习冲浪的好选择。Samaru Beach House和它隔壁的Weligama Bay View都出租冲浪板，也开设了冲浪课程（Rs2500起）。

还有游戏区供孩子玩耍。(Udupila Rd; 餐Rs300起; ⌚11:30~22:30)

提萨玛哈拉玛

(Tissamaharama)

景点

提萨维拉(Tissa Wewa)　湖泊

1 见90页地图，C2

位于镇中心以北1.5公里的提萨维拉湖(Tissa Tank)，是一个巨大的人造湖泊。晚上，你可以看到一群群的白鹭从树上下来，在湖边休憩。环南岸的路上新建了一条宽阔的湖滨步道供人们散步。

雅塔拉维和拉(Yatala Wehera)　宗教建筑

2 见90页地图，B2

2300年前，Mahanaaga国王建造了这座舍利塔。这里周围环绕着荷花池，壁画上有大量关于大象的详细记载。紧邻舍利塔还有一座小型博物馆(⌚8:00~17:00)。你可以从陈列中找到一个纹饰华丽的古老浴盆，留意一下雕刻的脚垫。从镇上来此很方便。

提萨舍利塔(Tissa Dagoba)　宗教建筑

3 见90页地图，D3

这座大型舍利塔位于提萨镇中心和wewa的中间地带。大约建在公元前200年的Ruhunu古王国。据说里面放着一枚佛牙舍利和一块前额骨舍利。晚上，舍利塔亮起灯后非常迷人。舍利塔的附近是规模比它小的桑达基瑞维和拉舍利塔(Sandagiri Wehera dagoba)以及一座据称历史可追溯到2000年前的禅修院遗址。

本达拉国家公园　国家公园

4 见90页地图，A2

这里是一座由水道、池塘和沙丘组成的美丽迷宫，也是200多种色彩斑斓的鸟类们的乐园。每年12月至次年3月是候鸟聚集的高峰期，最多曾同时迎来2000只火烈鸟来此过冬。公园也有着数量不多却经常露面的大象，还有麝猫、大松鼠和许多鳄鱼。租车到这里的价格和去亚拉公园是一样的。(Bundala National Park; 成人/儿童10/5美元，每辆车加收Rs250，每团服务费8美元，增值税12%; ⌚6:00~18:00，最晚入园时间16:30，全年开放)

亚拉国家公园　国家公园

5 见90页地图，D4

这一大片土地上干燥的树林，开阔的草地，是斯里兰卡东南角上最闪耀的亮点之一。猴子在树枝间跳跃，孔雀尽情开屏，大象四处闲逛，锡兰豹如阴影般潜伏在矮树丛里。平心而论这里并不如肯尼亚，但无论从时间、精力还是预算上考虑，这里都值得一游。每年6~9月是参观公园的最佳时间，大多数旅行者会选择半日游：5:30~11:00或15:00~19:00。

你可以在镇上的住宿处、湖边的独立吉普协会(Independent Jeep Association)或公园入口处雇司机。吉普车可

了解当地

亚拉国家公园的原住民

亚拉国家公园（也被称作Ruhunu）可谓《丛林奇谭》（*The Jungle Book*）的现实版本，它是斯里兰卡东南角上最闪耀的亮点之一。你有机会在这里看到下列动物：

锡兰豹 由于仅仅1区就有25头锡兰豹，因此亚拉国家公园被认为是世界上观赏这种大型猫科动物的最佳场所。你还有可能看到锡兰豹的一个亚种——斯里兰卡独有的斯里兰卡豹（Panthera pardus kotiya）。观赏豹子的最佳时间是2月至6月或7月，那时公园里的水位会比较低。

鸟类 根据记录，亚拉国家公园中有215种鸟类，大多数是从北方来此过冬的，包括白翅浮鸥、麻鹬和尖尾凫。本地的品种则有原鸡、马来犀鸟、金莺和许多种类的孔雀。

大象和其他动物 公园里有300多头大象。你还可以看到一些脏兮兮、毛茸茸的懒熊，或是长得和狐狸差不多的胡狼。另外，这里生活着成百上千的水鹿、梅花鹿、野猪、鳄鱼、水牛、猫鼬和猴子，还有体形大得惊人的鳄鱼。

此外，园内还有一处历史遗迹——**希图尔帕户瓦**（Situlpahuwa），这个苦行僧修道所里最多曾居住过12,000个僧侣。经过重修之后，这里成了非常重要的朝圣之地。

乘坐6人，半天价格约为5000Rs/人（含门票）。（Yala National Park；www.yalasrilanka.lk；成人/儿童 15/8美元，服务费用另计；6:00~18:00，9月至10月中旬有可能闭园）

就餐

Royal Restaurant 斯里兰卡菜 $$

6 见90页地图，C3

物美价廉的咖喱饭菜吸引了当地人以及旅行者。虽然地处市中心，但远离公路，因此露天的餐厅也很安静。千万不要错过这里的油炸大蒜。（071 085 1361；Main St；主菜 Rs250~700；8:00~20:00）

Cabanas Restaurant 斯里兰卡菜 $$

7 见90页地图，E1

这是一个简单的开放式餐厅，有定价合理的咖喱饭。有固定的新鲜海鲜特色菜，美味可口，紧邻一家烧烤餐馆。（Katharagama Rd；主菜 Rs300~1200；11:00~22:00）

探索

康 提

康提的天空时常云雾缭绕，却掩盖不住它旖旎、生动的本色。五颜六色的房屋、走街串巷的小贩，三轮车走过湿漉漉的街巷，水花调皮地洒在女人们多彩而柔软的纱丽上，你的热情也被瞬间点燃。但在城市中心的佛牙寺，神圣的宗教气氛弥漫开来，你会深受感染并沉浸其中。

一日游行程

到**Nature Coffee**（111页）吃早餐，喝一杯现磨的有机咖啡提提神。然后到**佛牙寺**（100页），细细品味这座最让康提人引以为傲的寺庙。别忘记在入口处确定一下上午的礼拜时间，并准时到供奉佛牙舍利的房间排队参观。接着去旁边的**国家博物馆**（106页）和**康提驻军公墓**（106页）看看，你会对殖民时期的康提有更深入的了解。

中午在**Bake House**（110页）尝尝当地茶点，然后到钟楼车站乘644路前往**佩拉德尼亚皇家植物园**（108页），这个花木繁盛的地方是当年“皇上的御花园”和现代人谈情说爱的胜地，还能躲避市区的高温。回到市区后，可以去**Kandy Lake Club**（111页）看场康提舞的演出。

在这座圣城，俱乐部、酒吧和舞厅的活动均受到法律的严格限制，传统的康提人都睡得很早。所以你也别想太多，到**The Kandy Garden Cafe**（109页）饱餐一顿后，在湖边散散步，就回去休息吧。

想体验康提当地人的一天，见102页。

顶级景点

佛牙寺（100页）

当地生活

灵动的康提湖（102页）

康提最佳

动物观赏点

乌达瓦德克雷保护区，观鸟（108页）

城市公园

康提湖（102页）

佩拉德尼亚皇家植物园（108页）

节庆

康提佛牙节（107页）

到达和离开

飞机 康提机场每天有1~2班航班往返科伦坡，但票价昂贵。从科伦坡机场有巴士直达康提（3小时）。

长途汽车 火车站旁的Goods Shed汽车站是汽车总站，大部分班车都从这里始发。但去往尼甘布、科伦坡的班车则在钟楼与火车站之间的Station Rd始发。短途车从钟楼附近发车。

火车 火车站位于康提湖西部，所发车次几乎通达全国各大城市，车票可提前10天购买。

顶级景点

佛牙寺（Temple of the Sacred Tooth Relic）

坐落在康提湖北岸的佛牙寺，是斯里兰卡佛教徒心中的圣地。这片壮丽的粉白色建筑群被高墙和护城河环绕，围墙四角还建有防御功能的庙宇。佛牙寺的主殿是在康提王朝期间（1687~1707年和1747~1782年）建造的。周边其他寺庙和博物馆建筑群都曾是康提皇家园林的一部分。斯里兰卡的佛教徒相信，这里是一生中至少要来一次的圣地，在这里祈祷，会极大地改变一个人的命运。

见104页地图，F4

门票 Rs2000，博物馆免费

寺庙 5:30~20:00，佛教博物馆 8:00~19:00

康提佛牙寺内

不要错过

佛牙神龛

佛牙神龛的主体(Vahahitina Maligawa)是一幢两层的长方形建筑，坐落在广场中央。它耀眼的镀金屋顶是由日本信众捐赠的，里面安放着斯里兰卡最重要的佛教圣物——佛祖释迦牟尼的牙舍利。每逢礼拜时间，供奉佛牙舍利房间会向善男信女和旅行者开放，不要妄想一睹舍利真颜，它被装在一个金色匣子里，戒备森严。

Alut Maligawa

三层楼的Alut Maligawa是新建的圣迹展厅，装饰风格很像泰国的神龛，里面陈列着泰国信徒捐赠的多尊坐佛。这是为了纪念泰国的僧人于Kirti Sri Rajasinha国王在位时期重建了斯里兰卡的神职系统而设。

佛牙寺博物馆(Sri Dalada Museum)

位于Alut Maligawa上面两层的博物馆，展示着寺庙获赠的许多镀金礼品。藏品中，自英国统治时期保留下来的信件和日记，描述了殖民者们对这颗佛牙遗迹令人意外的崇高敬意。每年佛牙节(见107页)的隆重仪式也在此举办。

世界佛教博物馆(World Buddhism Museum)

这座博物馆用丰富的图片、模型，生动地展示了佛教在全世界传播和发展的过程，但不少的雕像和展品都是复制品。

☑ 独家贴士

▶ 避开人潮，早晨是最佳游览时间。切记穿上长裤和不露肩膀的上衣，进门先存鞋。礼拜时间为每天5:30~6:45、9:30~11:00和18:30~20:00(时间随季节调整)，此时可参观供奉佛牙的房间。售票处提供免费的音频导游设备，请私人导游讲解逛整个建筑群要价约Rs500。

吃喝落脚点

佛牙寺周边有不少小吃店，其中Temple St的**The Empire Cafe**(110页)装修摩登，菜式也很丰富，只是服务态度会有些怠慢。

到达和离开

佛牙寺在市中心，从康提湖周边或汽车站和火车站步行仅需10分钟。

当地生活
灵动的康提湖

康提湖与佛牙寺一带不仅是城市的心脏，也是当地人生活的中心。这片区域集中着宗教圣地、历史遗迹和僧伽罗王朝时期的建筑——那些带折面的坡形屋顶就是典型代表。在嘈杂的街巷和混乱的交通中穿行，品尝地道的小吃、逛逛热闹的市场、看一场精彩的演出、听听传统手艺的故事，再与那些热情的人们聊聊天，你便能感受到康提市井生动的一面。

❶ 康提湖

这座人工湖占据着这座城市的中心位置。湖中央的小岛曾是康提王朝末代国王Sri Wickrama Rajasinha的后宫。沿湖散步是一件赏心悦目的事，累了就在湖旁的座椅上小坐。不少当地人路过你身边的时候都会微笑着跟你打招呼，别害羞与他们聊天。也可以到康提湖西岸的**Joy Motorboat Service**（Kandy Lake；20分钟 Rs2000；⏲9:00~18:00）租一只

小船游湖。

❷ Kandy Muslim Hotel

这是一家永远食客盈门的小餐馆，**Kandy Muslim Hotel**（Dalada Vidiya；主菜Rs200~350）有康提最好吃的萨莫萨饼，真正的辣味咖喱，还有大若飞盘、轻若薄纱的印度薄饼。然而，最吸引人们远道而来的是多种口味的kotthu（将rotti薄饼切碎与肉和菜炒熟），堪称整个城市的传奇。外国人常常坐在楼上，但在楼下与当地人一起吃能体会更多的习俗特色。

❸ 康提中心市场（Kandy Centre Market）

即使你不想买东西，也可以逛逛看起来五颜六色的中心市场（Station Rd）。这里一层是农贸市场，出售水果、蔬菜、香料和肉制品，二层则是廉价的服装和工艺品。这里的店主都特别热情，开价也虚高，或许会让你感到不太自在，但感受一下气氛也无妨。

❹ Jayamali Batiks Studio

中心市场2层这家**Jayamali Batiks Studio**（☎077 783 3938）的气场与其他商铺迥然不同。店里所有的蜡染制品都由老板的父亲设计，细节和颜色的巧妙应用让人称奇，价格也不菲。老板不常待在店里，如果不开门，要让旁边店铺打电话通知他或提前电话预约。他不会向你兜售商品，而会从蜡染的知识或当地的故事说起，你会爱上和他的聊天。还有一个福利，据说老板曾在斯里兰卡选美比赛得过奖。

❺ Mahanuwara YMBA

位于康提湖西南的**Mahanuwara YMBA**（☎223 3444；5 Rajapihilla Mawatha；服务费 Rs500；⏲表演 17:30开始）是个比较低调的场馆，这里每天晚上都有康提舞蹈表演，虽然环境普通，但水准不差。这大概是了解康提文化最有趣的途径了。另外，每天在佛牙寺（100页）及其周边寺庙，你都能听到康提鼓手的演奏，鼓声预示着每天puja（祈祷）的开始和结束。

❻ Rajapihilla Mawatha观景台

从康提湖南边皇宫公园（Royal Palace Park）的Rajapihilla Mawatha向上走约15分钟，有一个不错的观景点。从这里可以看到整个城市和周围山丘的景色。傍晚时分，康提湖边的灯光与佛牙寺的烛火点亮城市中心，观景效果绝佳。这附近还有不少餐厅和小摊贩，十分热闹。

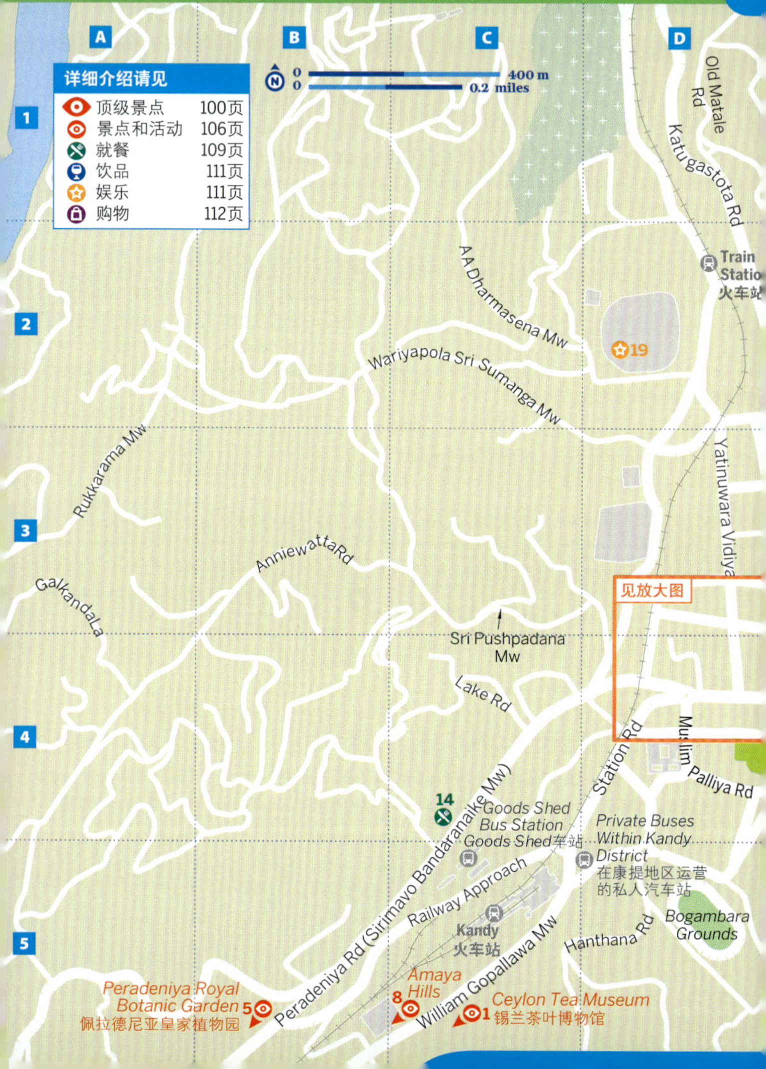

A
B
C
D
1
2
3
4
5
详细介绍请见
顶级景点 100页
景点和活动 106页
就餐 109页
饮品 111页
娱乐 111页
购物 112页
400 m
0.2 miles
Old Matale Rd
Katugastota Rd
Train Statio
火车站
AA Dharmasena Mw
19
Wariyapola Sri Sumanga Mw
Rukkarama Mw
Yatinuwara Vidiya
Anniewatta Rd
Galkanda La
见放大图
Sri Pushpadana Mw
Lake Rd
Muslim Palliya Rd
Station Rd
14
Goods Shed Bus Station
Goods Shed车站
Private Buses Within Kandy District
在康提地区运营的私人汽车站
(Sirimavo Bandaranaike Mw)
Railway Approach
Kandy 火车站
Hanthana Rd
Bogambara Grounds
Peradeniya Rd
Amaya Hills
8
William Gopallawa Mw
Ceylon Tea Museum
1 锡兰茶叶博物馆
Peradeniya Royal Botanic Garden
5
佩拉德尼亚皇家植物园

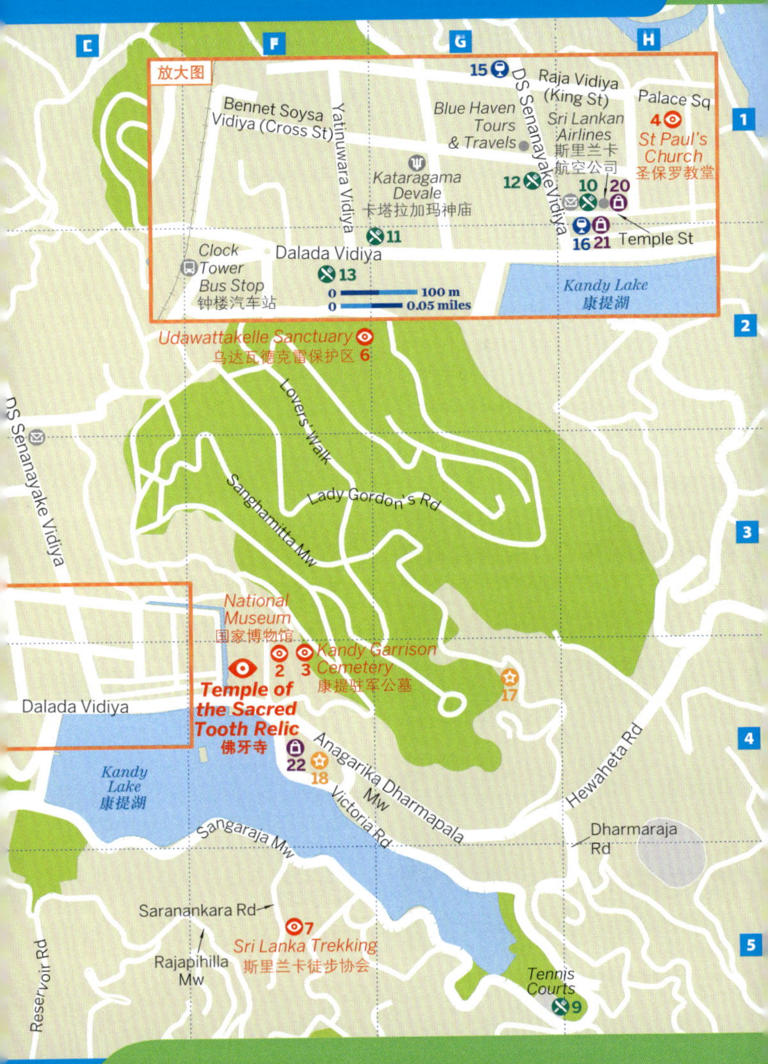

放大图
Bennet Soysa Vidiya (Cross St)
Yatinuwara Vidiya
Raja Vidiya (King St)
Blue Haven Tours & Travels
DS Senanayake Vidiya
Sri Lankan Airlines
斯里兰卡航空公司
Palace Sq
4
St Paul's Church
圣保罗教堂
Kataragama Devale
卡塔拉加玛神庙
15
12
10
20
16
21
Temple St
11
Clock Tower Bus Stop
钟楼汽车站
Dalada Vidiya
13
0 100 m
0 0.05 miles
Kandy Lake
康提湖
Udawattakelle Sanctuary
乌达瓦德克雷保护区 6
Lovers' Walk
Lady Gordon's Rd
Sanghamitta Mw
DS Senanayake Vidiya
National Museum
国家博物馆
2
3
Kandy Garrison Cemetery
康提驻军公墓
17
Temple of the Sacred Tooth Relic
佛牙寺
Dalada Vidiya
22
18
Kandy Lake
康提湖
Anagarika Dharmapala Mw
Victoria Rd
Hewaheta Rd
Sangaraja Mw
Dharmaraja Rd
Saranankara Rd
7
Sri Lanka Trekking
斯里兰卡徒步协会
Rajapihilla Mw
Reservoir Rd
Tennis Courts
9
E
F
G
H
1
2
3
4
5

景点和活动

锡兰茶叶博物馆 博物馆

1 见104页地图，C5

这是斯里兰卡品茶之旅中的必去之地。这座博物馆的前身是1925年的Hanthana茶工厂，位于康提以南4公里的Hanthana公路上。博物馆里有关于茶业先驱詹姆斯·泰勒（James Taylor）和托马斯·立顿（Thomas Lipton）的生平以及古老的茶叶生产设备器具展览。参观完还可以去顶层的茶室免费喝一杯好茶。（Ceylon Tea Museum；☎070 280 3204；www.ceylonteamuseum.com；成人/儿童 Rs500/200；⏰周二至周日 8:30~16:30）

视觉中国提供

佩拉德尼亚皇家植物园的棕榈大道

国家博物馆 博物馆

2 见104页地图，F4

这座博物馆曾经是皇宫的一部分，居住着康提王朝的王妃们，如今陈列着王室的宝物、徽记和生活用品，满满都是僧伽罗人在欧洲人到来前的生活回忆。其中一些藏品具有重大意义，尤其是观众厅里陈列的一系列康提国王1815年将国土割与英国的协议副本。这座博物馆、两座寺庙和四座神庙（见108页方框），组成了斯里兰卡的文化三角区。（National Museum；☎222 3867；Hemamali Mawatha；成人/儿童 Rs500/300；⏰周二至周六 9:00~17:00）

康提驻军公墓 墓地

3 见104页地图，F4

这座墓地在国家博物馆背后的小山上，其历史可以追溯到殖民时期。第一批踏足此地的欧洲人大多死于热带疾病，或被大象踩踏而死，他们大多英年早逝——很少超过40岁。墓室由一对老夫妇看管，他们会给你指引关键的几座墓穴并做一些解说。这里还有一个小博物馆可以参观。（Kandy Garrison Cemetery；免费；⏰8:00~18:00）

圣保罗教堂 教堂

4 见104页地图，H1

这个红砖砌成的殖民时代的教堂始

了解当地

康提佛牙节

康提佛牙节（Kandy Esala Perahera）盛大的perahera（游行）活动是为了纪念佛牙被尊奉在佛牙寺而举办的。传说，圣佛牙舍利是在公元前483年佛祖涅槃的葬礼上于火堆中抢夺而来。公元4世纪，一位印度公主将这颗牙齿藏在自己的头发里，偷偷地带进了斯里兰卡。这颗牙先被带到了阿努拉德普勒（Anuradhapura），此后颠沛流离地游走在各地，最终来到了康提。1283年，一支侵略军将这颗牙带到印度，不过国王Parakramabahu三世又将其夺了回来。这颗圣佛牙舍利渐渐地成了斯里兰卡王权的象征。

至今，康提佛牙节已经持续了数百年。罗伯特·克诺斯（Robert Knox）在1681年所著的《锡兰的历史关系》（*An Historical Relation of Ceylon*）一书中就描述过这个活动。整个活动为期10天，从Esala月（7月/8月）开始，直到Nikini波耶日（月圆日）结束，这夜便是康提一年中最重要的一夜。在6月的波耶日也有一个规模稍小的游行活动。但从游行队伍中逐年减少的大象数量可以看出，近年来这个活动的规模在缩小（早期有超过100头大象参加这个游行），不过它依然是亚洲最具有魅力的庆典活动之一。

活动的前6晚还相对低调。到了第7晚，游行规模开始扩大，线路变长，气势也更加壮观（而你的住宿费也会随之水涨船高）。游行由5个独立的peraheras组成，其中4组来自康提的4个Devales（神庙；见108页方框），第5个也是最壮观的一个perahera则是由佛牙寺自己组织的。

游行由数千名康提的舞者和鼓手带领着前进，人们击鼓舞蹈，高举五彩横幅，紧跟的是由五十多头大象组成的游行队伍。Maligawa长牙象全身都被装点一新，在游行的最后两个晚上，这头大象所经之处都铺着白色的亚麻布“地毯”，驮上装着佛牙复制品的桶状容器巡游，将游行气氛推到顶峰。

在主要的perahera活动期间，最少要提前一个星期预订沿街的座位。座位的价格从Rs5000到Rs6500。一旦节日庆祝开始了，位于游行途中的站位价格会更低一些。至于那些方便观看游行的酒店，大多在半年前就被预订一空。

了解当地

康提的寺庙(vihara)和神庙(Devales)

康提另外两座主要的佛教寺庙也具有崇高地位,不仅因为与两名在斯里兰卡最德高望重的高僧马尔瓦特(Malwatte)和爱斯基瑞亚(Asgiriya)相关,它们同时也是僧侣等级(nikayas)中两个主要级别的僧人总部。**马尔瓦特玛哈寺**(Malwatte Maha Vihara)与佛牙寺隔湖相望,而**爱斯基瑞亚寺**(Asgiriya Maha Vihara)紧邻Wariyapola Sri Sumanga Mawatha,这里有一张斯里兰卡最大的卧佛像。

四个神庙供奉着身为佛陀追随者的诸神,这些神灵都是斯里兰卡的保护神。其中三座坐落在佛牙寺正门附近,之间相距不足百米。14世纪建造的**纳萨神庙**(Natha Devale)是最古老的一座,这里最出名的是实心石板雕(vahalkada)门廊。造型简洁的**帕提尼神庙**(Pattini Devale)供奉的是贞洁女神。**毗湿奴神庙**(Vishnu Devale)大厅鼓声不绝于耳。印度教的大神Vishnu是斯里兰卡的守护神,体现了印度教与佛教的融合。还有一座**卡塔拉加玛神庙**(Kataragama Devale)位于距康提120公里的巴杜勒(Badulla),它是按照古康提王国的风格建造的,在神庙的木制佛龛大厅四周布满了有关游行(Perahera)主题的壁画。

在佛牙寺附近的**文化三角办公室**(Cultural Triangle Office; ☎222 2661; 16 Deva Vidiya; ⏰8:00~16:15),可以买到文化三角组织的游览套票。套票包括上述的两座寺庙、四座神庙及国家博物馆。

建于1843年并于5年之后完成。起初作为驻扎在附近的英国军队的驻军教堂。它庄严矗立着,跟隔壁佛牙寺中的人来人往的场景形成鲜明对比。(St Paul's Church; Deva Veediya; 捐赠入馆)

佩拉德尼亚皇家植物园 花园

5 见104页地图,B5

这里曾是康提皇族的花园,现在则是当地人的休闲地,当然也少不了谈恋爱的情侣和春游的小学生。不要错过入口处的兰花温室,除了不少稀有品种,还有世界最大的兰花——老虎兰。植物园的另一大特色是大草坪上那棵巨大的爪哇无花果树,它覆盖了2500平方米的范围,俨然一个天然而富有生命力的网格球顶。从康提钟楼公共汽车站坐644路(Rs15)可直达植物园,乘三轮车约Rs700往返。(Peradeniya Royal Botanic Garden; Peradeniya Road; 成人/儿童 Rs1100/550; ⏰7:30~17:00)

乌达瓦德克雷保护区 森林

6 见104页地图,F2

从DS Senanayake Vidiya的邮局往

右转，步行约15分钟就能到达湖北边的这片森林。这里有着高大的树木、种类繁多的鸟类和调皮的猴子。观鸟者可以在售票处雇导游（Rs500）。单身旅行者（尤其是女性）要留心人身和财物安全。（Udawattakelle Sanctuary；成人/儿童Rs650/375；⏲6:30~18:00，售票时间截止到16:30）

斯里兰卡徒步协会　徒步

7 见104页地图，F5

这里可以安排环康提的徒步、露营活动，以及去纳克尔兹山脉（Knuckles Range）的徒步和观鸟活动。还提供组织山地自行车登山以及漂流活动的服务。在纳克尔兹山脉标准的过夜徒步行预计花费69欧元。团队的人数越多人均价格越低。（☎075 799 7667，071 499 7666；www.srilankatrekking.com；Expeditor Guest House，41 Saranankara Rd）

Amaya Hills　阿育吠陀

8 见104页地图，C5

这家位于阿玛娅山（Amaya Hills）的阿育吠陀中心也是个度假村，坐落在群山包围的一条蜿蜒的小路上。它值得你花一天时间好好体验，午饭后在超赞的泳池里泡几小时会非常舒服。从康提乘三轮车往返大约Rs1000。（☎447 4022；www.amayaresorts.com；Heerassagala；面部护理 Rs2500起，精油按摩和桑拿浴Rs6000）

就餐

The Kandy Garden Cafe　斯里兰卡菜 $

9 见104页地图，G5

这家经营当地菜的餐厅性价比很高，许多学生中午放学也来这里吃饭。炒饼（kotthu）广受欢迎，一定要点一杯鲜榨果汁，新鲜、便宜、量又足，配合当地干

独家贴士

孩子们的康提

比起斯里兰卡的海滩与国家公园，康提似乎对孩子吸引力不大，可以试试以下选择。

康提湖西岸的Joy Motor Boat Services，可以租船泛舟，东岸有一个有趣的游乐园（Sanagaraja Rd；⏲周二至周日）供孩子们玩耍。乌达瓦德克雷保护区（108页）和佩拉德尼亚皇家植物园也能提起孩子们的兴致。也可以参加一日游，去距康提约30公里的**品纳维拉大象孤儿院**（Pinnewala Elephant Orphanage；成人/儿童 Rs2500/1250；⏲8:00~18:30）。这里有近80头不同年龄的大象，每天10:00~12:00和14:00~16:00，可以看到大象在河里洗澡。还有机会近距离接触甚至搂抱小象，在它们进食的时间（9:15、13:15和17:00），花Rs250便可以用奶瓶给小象喂食。

当地生活

在康提体验禅修

康提附近有几个好评如潮的禅修中心。位于康提以南13公里处的**尼兰贝禅修中心**（Nilambe Buddhist Meditation Centre；☎777 804 555；www.nilambe.net）每天开班，提供至少3天至5天的冥想课程和基本食宿。但至少要提前两周在网站上预订。坐633路公共汽车在Office Junction下车，然后沿着茶园直走3公里，或者花Rs250坐三轮车就到了。**达玛库塔内观禅修中心**（Dhamma Kuta Vipassana Meditation Centre；☎238 5774；www.kuta.dhamma.org；Mowbray, Hindagala）提供遵循SN Goenka内观体系的1天至10天内观课程。想要参加必须提前预订。中心提供宿舍，男女分开在不同区域。从康提的钟楼汽车站上车，坐Mahakanda-bound bus在最后一站下车。直走2公里即可。

干的食物再合适不过了。（☎222 0355；9 Sangaraja Mawatha；主菜Rs60~200）

The Empire Cafe 各国风味 $$

10 见104页地图，H1

斑驳的旧遗迹完成华丽的变身，Empire已经变成一个时尚的、非常诱人的餐厅。食客坐在荧光画下狼吞虎咽吃着美味的米饭、咖喱、意大利面食和沙拉，大口饮下果汁。（☎223 9870；21 Temple St；主菜Rs380~500；⏲8:30~20:30）

Bake House 斯里兰卡菜 $

11 见104页地图，G2

这家烘焙屋可谓一个"多功能"的餐厅。前厅售卖十分可口的点心，而在刷得粉白的殖民时期拱门内，则隐藏着一个更正式些的用餐空间。下午3点左右，第二轮烘焙的食物新鲜出炉，这个时候来趁热吃最合适。（☎223 4868；36 Dalada Vidiya；主菜Rs80~250）

Balaji Dosai 南印度菜、素食 $

12 见104页地图，G1

这是家不错的印度餐厅，尽管你不热衷于素食，也会被这里的印度薄卷饼和土豆马萨拉吸引。由于物美价廉，等位也就不可避免了。（☎222 4593；9 Peradeniya；主菜Rs80~250；⏲7:00~21:30）

Licensed to Grill 小吃 $

13 见104页地图，F2

这是图灵顿公园（Torington Park）里的一个小摊，售卖物美价廉的西式快餐——汉堡和肉卷（150Rs），人气很旺。小摊从傍晚时分营业至深夜，附近也有一些类似的小吃摊档，晚上来这里吃一顿宵夜再好不过了。（George E de Silva Park；小吃 Rs100起；⏲19:00~22:30）

Cool Corner Fried Ice Cream Parlor 甜品 $

14 见104页地图，C4

这里各式各样的冰激凌是甜食爱好

者的福音。值得一提的是炸冰激凌，你可以亲眼见证它的诞生。厨师把水果加入冰激凌裹起来炸，入口时外皮仍保持着香脆的口感，即便分量很大你也会毫不犹豫地吃完。（☎220 5218；114 Peradeniya Road；⏰10:00~19:00）

饮品

Royal Bar & Hotel

酒吧

15 见104页地图，G1

如果想去个文明点的地方喝点酒，这栋精美的殖民时期风格建筑是镇上很好的选择之一。这里同时也是一家餐馆和酒店，从17:30至19:30是酒水特价时间。（☎222 4449；44 Raja Vidiya）

Nature Coffee

咖啡厅

16 见104页地图，H2

这里的饮品选择很多，不少人都认为这里的咖啡高于斯里兰卡的平均水平，西式的小吃和甜品的品质也不错，适合来吃早餐或喝个下午茶。（☎220 5374；5 Temple St）

娱乐

Kandy Lake Club

舞蹈表演

17 见104页地图，G4

坐落在Sanghamitta Mawatha山上

视觉中国 提供

康提酒店的丰盛早餐

300米处。这里的舞蹈演出服可算是最精致的。前排座位通常被团队游客预订了，要提前到达才可以找到一个比较不错的位置。（Sanghamitta Mawatha；服务费Rs500；表演17:00开始）

Kandyan Art Association & Cultural Centre

舞蹈表演

18 见104页地图，F4

这是最繁忙的一个场馆，旺季时经常被团队游客挤得满满当当，所以越早去越好。因为表演在礼堂中进行，在这里拍照会比其他场所方便一些。场馆位于康提湖北岸。（Sangharaja Mawatha；服务费 Rs 500；表演17:00开始）

当地生活

康提的舞者和鼓手

康提舞有着独特精致的服装、旋转不停的舞步，让人目瞪口呆的喷火表演穿插其中，观赏康提舞是旅行者不容错过的一个节目。把这种舞蹈叫作传统康提舞其实是有点儿不恰当的，因为它是为了娱乐观众而综合了斯里兰卡全国各地的舞蹈和服装特点的，如西海岸著名的"鬼舞"（遗憾的是，这种舞蹈在其发源地倒是很少见了）。

我们提到的这几家场馆均有夜场的康提舞表演，节目持续1小时左右（最好提前30分钟到达）。

Asgiriya Stadium

板球场

19 见104页地图，D2

位于镇中心以北，整体设施普通。在板球决赛日，这个场馆会涌进上万名热情的粉丝。人们认为这个紧凑的体育馆是举办最受欢迎的国际板球赛的最佳场地之一。票价根据比赛双方的受欢迎度而不同。印度与斯里兰卡之间的比赛球票是最热销的。你可以在现场买球票，或者提前1个月预订内场的座位。一般通过设在体育馆的Sri Lanka Cricket office购买球票。（223 8533）

购物

Selyn

服装、珠宝

20 见104页地图，H1

由再生纸或者其他环保材料做成的高质量、货真价实的纺织品、服装、珠宝和家居用品，具有当地特色。由于是"公平贸易"商店，这些商品都是由当地妇女们手工制作，再按照合理的价格收购来卖的。（223 7735；7/1/1 Temple St）

Rangala House Gallery

画廊

21 见104页地图，H2

这里出售并展出本地和科伦坡的艺术家们的作品。还会出售一系列的有机果酱，这些果酱可都是在康提附近的山区做成的。（2nd fl，7/1/1 Temple St）

了解当地

风格诡异的酒店

Helga's Folly（☎223 4571；www.helgasfolly.com；32 Frederick E de Silva Mawatha；房间 US$200起）很像西班牙建筑师高迪（Gaudí）和画家达利（Dalí）联手设计建造的作品。这个拥有35间客房的酒店/画廊/超现实主义梦境是斯里兰卡最别出心裁的所在。酒店是由性格独特的海尔格·达·希尔瓦（Helga da Silva）设计和经营的。她生长于20世纪50年代，那个年代的主旋律就是好莱坞名人、艺术家、作家、政客和各种阴谋论，而她把这些主题都展示在这里，一切都如此特别。但我们的建议是不必入住于此，只要来这儿的餐厅吃点东西看看就好。对于大多数人来说，这儿真的是康提最有意思的景点之一。

Kandyan Art Association & Cultural Centre 工艺品

22 见104页地图，F4

这里精心挑选了一些当地的漆器制品、黄铜制品以及其他工艺品，陈列在一间殖民时期风格的展示厅内，使这里充满了时光尘埃的味道。现场会有一些手工艺人制作工艺品，售价有点高，但可以驻足观看一下。（Sangharaja Mawatha；9:00~17:00）

探索

中部山区

迷雾虚掩着翡翠地毯般的茶园，瀑布从山地森林里蜿蜒而下，你已来到了斯里兰卡的山区。声名鹊起的锡兰红茶产自这里，一定要去看看历史悠久的茶厂，品味醇香的红茶。漫步山间，不管是穿过氤氲的草原徒步到“世界尽头”，还是加入当地人朝圣的队伍登顶亚当山，都是特殊而难忘的体验。

在中部山区的……

第1天

在努沃勒埃利耶。上午参观**佩德罗茶庄**（125页）后，徒步茶山中的小路到**情人峡瀑布**（125页）。返回的路上到**格雷戈里湖**（125页），选一家湖边的餐厅喝杯下午茶，然后在湖边散步或是泛舟湖中。若是天气好，可以在这里等候黄昏的落日晚霞。

第2天

一早前往**霍顿平原国家公园**（118页），上山路上与小鹿和猴子打个招呼。要想获得更好的视野，就在10点之前来到“世界尽头”。下山后前往Pattipola火车站，乘火车到哈普塔勒（Haputale）。在这个山脊上的小镇逛逛，找一家客栈放松下来。

第3天

前往**丹巴特尼茶叶工厂**（130页方框），这个由托马斯·立顿爵士创办的茶厂是茶工业史上最著名的地方。然后顺着平整的道路登上“立顿之椅”瞭望台，途中可以与泰米尔采茶工攀谈几句。下山后，乘火车前往**埃拉**（128页），这一段铁路沿线的风光是整个山地火车线路中最美的。

顶级景点

山地火车（116页）

霍顿平原国家公园和世界尽头（118页）

亚当山（120页）

中部山区最佳

徒步地

霍顿平原国家公园（118页）

埃拉（128页）

亚当山（120页）

戈尔韦兰国家公园（126页）

茶叶种植园

佩德罗茶庄（125页）

丹巴特尼茶叶工厂（130页）

到达和离开

长途汽车 努沃勒埃利耶是这一地区的交通枢纽。位于环岛附近的镇汽车站有班车前往各大城市如科伦坡（6小时）、康提（4小时）、马特勒（7小时）等。

火车 离努沃勒埃利耶最近的火车站在8公里外的纳努欧亚（Nanu Oya），可乘公交车（Rs44）或三轮车（Rs800）到达。山地火车线路可以带你到康提、科伦坡、埃拉、巴杜勒等地。

顶级景点

山地火车

著名的山地火车从科伦坡始发，经过康提，先后停靠在哈顿（Hatton，近亚当山，120页）、纳努欧亚（Nanu Oya，近努沃勒埃利耶）、哈普塔勒（Haputale）、埃拉（Ella，128页）、巴杜勒（Badulla）和许多其他的山区站点。在纳努欧亚之前，火车多在森林中穿行，之后则是绵延起伏的山地茶园景色。由于这条路线还兼具观光和通勤的功能，上学的孩子、务工的泰米尔人和来自世界各地的背包客常挤在一起。安全起见，最好别像当地人一样挂在火车门上。

到达和离开

火车票预售期为1个月，但必须到火车站购买（也可代购）。旅程超过80公里的车票可以在中途下车，24小时内有效。

火车驶过九孔桥

不要错过

从哈普塔勒到埃拉

从哈普塔勒到埃拉这段路的风景堪称整条线路的精华，在短短几个小时里，你会看到由几十个种植园共同编织的翠绿色巨毯，穿着纱丽的工人们在太阳下忙碌着。

九孔桥

九孔桥（Nine Arch Bridge）位于埃拉往巴杜勒方向3公里处，带有弧度的桥梁横跨山谷。这里是拍摄山地火车的绝佳机位，桥梁一端的小山坡上可以拍到俯瞰角度的照片。要提前确认火车时间，从埃拉火车站沿铁轨走1小时就到，也可以乘三轮车去（往返Rs700）。

埃拉火车站

埃拉火车站古色古香，曾于2013年获得过“最佳古站保护奖”。Ashendira Disanayake先生是火车站的主管，他获得了“最热心的车站管理员”称号。

预留座位的二等车厢

山地火车的车厢分为三类。一等观景车厢有超大观景窗和复古的内部装饰，对号入座，车票昂贵（Rs1000以上）且紧俏，大多数为旅行者。二等与三等车厢的座位类型不同，但都是先到先得，常常人满为患。我们建议你购买“预订的二等座位”（Rs600），虽然比普通二等座票贵一倍，但不至于因为没有座位而错过窗外的风景。

☑ 独家贴士

▶ 火车上的一等观景车厢车票十分畅销，尽可能提前预订。但并不是所有车都有一等车厢。如果你没能在售票窗口订到车票，那就和车站的工作人员协商，有时他们会为旅行者额外保留一些座位。

吃喝落脚点

火车不设餐车，但有小贩兜售本地小吃、水果和饮料。最好提前备好食品和水。

到达和离开

斯里兰卡的火车时间常有变动，网上的时间仅供参考，建议提前半小时到火车站购票。除始发车站外，火车晚点是普遍现象，且火车上不报站。若是不清楚到达时间，可以让列车员或邻座的当地人提醒你下车。

顶级景点

霍顿平原国家公园和世界尽头

(Horton Plains National Park & World's End)

这是一个美丽、安静、奇特的世界。地处斯里兰卡第二高山Kirigalpotta(海拔2395米)和第三高山Totapola(海拔2357米)的山脚下,霍顿平原被原始的草地覆盖,若干茂密的森林点缀其中,瀑布如同镶了金边的锦缎,湖面雾气腾腾,野生动物悠然自得地繁衍生息。这样的画面或许会给你造成来到非洲的错觉。早上6:00出发,你可能会幸运地独享小路,它在世界尽头戛然而止,那儿有一个深达880米的,让人震惊的悬崖。

门票:成人/儿童 Rs1895/1011,越野车 Rs250,服务费和税费另计

6:00~18:00

世界尽头的徒步者

不要错过

野生动物和鸟类

幸运的话你能在这里看到野猪或豹子。毛质蓬松的熊猴会在Ohiya路边，或在世界尽头的森林里出没（你会听到如同喘息般的“咕噜”声）。没准儿还能看到本地的斯里兰卡猕猴。这里同样适合观赏鸟类。本地的品种有扇尾莺、斯里兰卡绣眼鸟、暗蓝鹟、斯里兰卡蓝鹊等，还有山鹰这样的猛禽。

世界尽头

这个环形的步行路线总长9.5公里，悠闲地走完需要3个小时。每天清晨（6:00到10:00）是游览世界尽头的最佳时间，此时你能发现山谷中的村庄，玩具般大小的茶叶种植园，甚至连南部的海滨都能一览无余。而10点之后，你就只能看到云雾缭绕的白幕了。最好避免在周日或者公共假期游览这里，周末结伴而来的当地人很多，而野生动物们则会躲清静。

其他徒步路线

除了世界尽头，园内还有多条徒步线路都是亲近自然的好途径，朝Kirigalpotta山和Totapola山进发的道路漫长且充满挑战，也有其他短途路线。可以在售票处获取信息或请导游（约Rs750），他们对园内的地形和动植物分布都十分熟悉。

独家贴士

▶记得穿上耐磨舒适的运动鞋，戴上帽子和太阳眼镜，带齐防晒霜、防蚊虫喷雾、食物和水，还有保暖衣物和防风防雨装备。可以准备些食物，在世界尽头奖励自己一顿户外早餐（别让猴子发现）。切勿走到规定路线之外的区域去，由于缺少护栏，有许多事故就是因为游人疏忽而坠崖身亡的。

吃喝落脚点

离售票处不远的**法尔酒店**（Farr Inn）有一个设施简陋但价格昂贵的咖啡馆和游客中心。

到达和离开

从努沃勒埃利耶坐汽车前往需1小时（约Rs4000），也可从Ohiya、Pattipola坐三轮车前往。若游览后继续前往埃拉方向，可到Pattipola火车站搭乘13:20的火车。

顶级景点

亚当山（圣足山）Adam's Peak (Sri Pada)

亚当山位于风景秀美的山区南部。几个世纪以来，这座高耸的山峰不断激荡着人们的各种想象，吸引了一批又一批朝圣者的到来。朝圣季从12月的波耶日（月圆日）开始，直到5月的佛诞节（Vesak festival）结束。在此期间，朝圣者和部分旅行者会踏着无穷无尽的台阶（约5200级），连夜攀登，以便在日出之前抵达。而在5月至10月的时间，山顶常是云雾深锁，登山的人也少了许多。

免费

24小时开放

黎明前的亚当山

不要错过

朝圣季

在亚当山的朝圣季，这条路线会被闪耀的灯饰点亮。在几英里以外的地方就可以看到，远远望去就像星星铺成的通向天堂的小路。大多数人对这个景象充满期待，目睹后震撼不已。而朝圣季外，走这段路可能需要带个手电筒。许多朝圣者会选择更辛苦的，从Ratnapura开始的道路（这条路的路标详细明显，也有路灯，需7小时）进行朝圣，他们深信投入多少辛苦就能得到多少福报。

黎明的山顶

破晓的片刻是亚当山最让人震撼的时刻。当黎明的曙光慢慢照亮圣山，飘洒的晨曦也唤醒了东边的山区，陆地渐渐明晰地显现出来，伸向西部的海岸。天气好的时候，65公里外的科伦坡市也清晰可见。随着太阳渐渐升起，山峰奇异的三角形阴影会杀个回马枪，旋转移动直至完全消失在山的背后。

神的脚印

亚当山之所以又被称为“圣足山”，正是因为峰顶这个长1.8米，类似人类足迹的凹坑。有人认为是首位到印度布道的圣徒圣托马斯留下的，有人认为是湿婆神留下的，还有人说这是亚当踏入凡间的第一个足迹。

独家贴士

▶ 淡季登顶需要2.5~4小时，凌晨2点出发比较保险。旺季，尤其遇到波耶日（月圆日）或周末，成群的朝圣者会使登山时间增加好几个小时。足够的御寒衣物、食物和登山杖都是必需的。

吃喝落脚点

达尔豪西是登山的大本营，这里有本地区最棒的客栈和小吃店。登山途中也有许多茶铺，售卖小吃和饮品，在旺季的晚上也会营业。只有少数茶铺会在非朝圣季开门。

到达和离开

上山的旅行者通常从达尔豪西（Dalhousie）出发。在朝圣季，有从康提、努沃勒埃利耶和科伦坡等地直达达尔豪西的班车。淡季需到Hatton或Maskeliya中转。乘坐火车则在Hatton站下车。

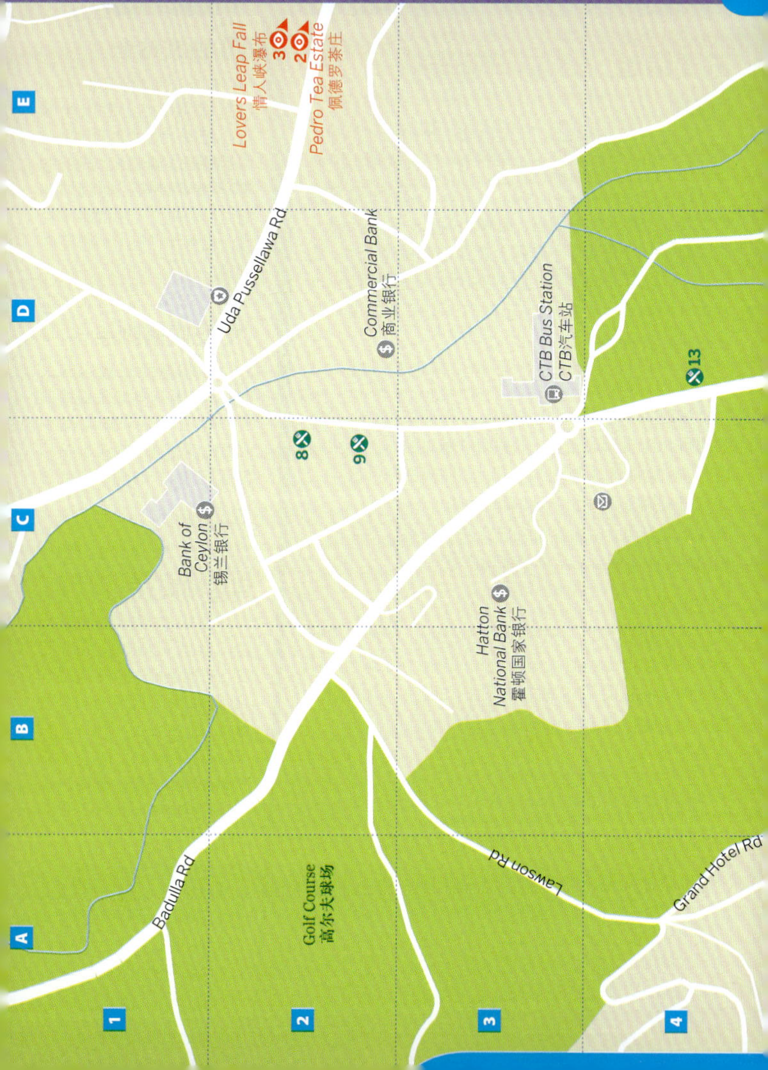

Lovers Leap Fall 情人峡瀑布 3
Pedro Tea Estate 佩德罗茶庄 2
Uda Pussellawa Rd
Commercial Bank 商业银行
CTB Bus Station CTB汽车站
13
8
9
Bank of Ceylon 锡兰银行
Hatton National Bank 霍顿国家银行
Badulla Rd
Golf Course 高尔夫球场
Lawson Rd
Grand Hotel Rd
A
B
C
D
E
1
2
3
4

Park Rd
Nanu Oya
New Bazaar St
Private Bus Station 私人汽车站
Victoria Park 维多利亚公园
Victoria Park Ticket Office & Entrance 维多利亚公园售票处和入口
Seetha Amman Temple 西萨阿曼庙
Hakgala Gardens 哈克加拉花园
Galway's Land National Park 戈尔韦兰国家公园
Buddhist Temple 佛教寺庙
Gregory Lake 格雷戈里湖
详细介绍请见
景点和活动 125页
就餐 127页
200 m
0.1 miles

Newburgh Green Tea Factory
纽堡绿茶工厂
1
Little Adam's Peak
小亚当峰
2
Ella Rock
埃拉岩石
3
Uva Halpewaththa Tea Factory
尤瓦哈佩瓦斯萨茶叶工厂
4
Bank of Ceylon
锡兰银行
Main St
Passara Rd
5
6
7
8
9
10
11
12
详细介绍请见
景点 128页
就餐 129页
饮品 131页
购物 131页
100 m
0.05 miles
A
B
C
D
E
1
2
3
4

努沃勒埃利耶

景点和活动

维多利亚公园 公园

1 见122页地图，D7

位于镇中心的维多利亚公园，可以说是南亚地区最漂亮、养护得最好的小镇公园了。3月至5月和8、9月间，公园里因为鲜花盛开而生机勃勃。许多山区特有的鸟类会光顾这里，其中包括克什米尔捕蝇鸟、印度皮塔鸟和灰雀。在公园的一角，还有一个小型的儿童游乐园。（Victoria Park；门票 Rs300；⌚7:00～18:00）

佩德罗茶庄 茶厂

2 见122页地图，E2

你知道英式红茶是怎么制作出来的吗？去佩德罗茶庄看看吧。你可以在导游的带领下，花半小时参观这个建于1885年，至今仍保留着19世纪制茶工艺的茶厂。由于这里茶叶处理流程只能在晚上天气稍冷的时候进行，在白天就很难看到这个环节。从努沃勒埃利耶来的三轮车往返要Rs350，含等候费用。你也可以在汽车总站乘坐前往Ragalla的公共汽车（Rs13）。（Pedro Tea Estate；门票 Rs200；⌚8:00～17:00）

情人峡瀑布 瀑布

3 见122页地图，E2

这里的瀑布本身并没有什么特别，但路上时聚时散的薄雾伴随着葱茏的、随地势起伏的茶园，景色赏心悦目。道路有些湿滑，最好穿上运动鞋。乘三轮车到入口处，再沿山路步行约20分钟就可到瀑布。你也可以从佩德罗茶庄出发，穿过山间茶园的3公里徒步道路，可算是无与伦比的体验。（Lovers Leap Fall；免费）

格雷戈里湖 湖泊

4 见122页地图，D8

在铺好的人行道上漫步，悠闲地荡着天鹅形的脚踏船，又或者骑一匹矮种马在四周慢跑，这些都足以让你在位于城市南端的格雷戈里湖消磨一小时。这里还有野餐用的桌子、一个小餐厅和零食吧。租船处位于通往主湖的路对面。（Gregory Lake；成人/儿童 Rs200/20；⌚8:00～18:00）

当地生活

骑车穿行茶园

喜欢骑自行车的朋友会发现，从镇子郊外开始，就有许多泥泞陡峭的小路，一直延伸向山中。你可以在Single Tree Hotel打听有关**山地自行车租赁**（☎222 3009；singletreehtl@sltnet.lk；178 Haddon Hill Rd；每天Rs1200）的事项。有一条相对困难、但也绝对精彩的日行线路，大约长10公里，你将穿过翠绿如毯的茶园，直到拉布科勒茶厂（Mackwoods Labookellie Tea Factory）结束。行程中有很多坡要爬，不过俯冲下坡的快感会让你觉得相当值得。

了解当地

“红茶王国”的崛起

努沃勒埃利耶所在的山区，原本只是皮杜鲁塔拉珈拉（Pidurutalagala，也被叫作Pedro山，高2524米）山脚下的一片无人居住的森林和草地。可以说，努沃勒埃利耶完全是英国人一手所建。1819年，英国殖民官员约翰·达维（John Davy）发现了这片地方，10年后，英国人打算把这里建成他们的休养所。

后来，这片区域开始因为盛产“英式”蔬菜和水果而闻名。因为殖民者爱吃，这里开始种植蔬菜和水果，诸如生菜和草莓等。早期这里也种过咖啡，但当这里的咖啡因病害而大批死亡后，殖民者们决定转而种植茶叶。他们发现山区气候温和、海拔适中，并有倾斜的山坡，是种植茶叶的好地方。斯里兰卡最早的那一批茶叶就产于Loolecondera Estate——努沃勒埃利耶和康提间的山上。由于茶叶种植的试验非常成功，这个小镇迅速成了山区的“茶之都”，这个令本地人自豪的别名至今仍然适用。

随后，这片地区的茶叶种植量快速上升。雨林被砍伐，种植园开始扩张。起初，英国茶业大亨们想雇用僧伽罗人，但本地人对这种工作并不感兴趣。因此，种植园老板想到了印度，大批泰米尔人被他们从印度带了过来（如今大多数茶叶种植园的劳工仍然是泰米尔人）。19世纪70年代，锡兰茶叶装满了伦敦的仓库。大众对茶叶的渴求难以抑制地增长。早期的种植者们获得了大量财富，其中包括至今仍然赫赫有名的托马斯·立顿（Thomas Lipton）。到了19世纪80年代，仅仅立顿的茶园每月就已出口30,000吨茶叶到伦敦。

如今，斯里兰卡是世界上第四大茶叶生产国，2013年的年均茶叶产量为3.4亿公斤。尽管英国曾是锡兰茶叶的主要消费国，但今天，大多数锡兰茶叶出口到中东及北非（占2012年出口量的53%），其次是俄罗斯和东欧（占24%）。除了较普遍的种类繁多的红茶外，2013年斯里兰卡还生产了369万公斤绿茶，这种茶以香味浓烈而著名。另外这里还生产白茶——世界上最优质的茶叶之一，常被称为“银尖”。

戈尔韦兰国家公园

公园

5 见122页地图，E8

作为斯里兰卡最新建成（2006年）、面积最小（29公顷）的国家公园，戈尔韦兰国家公园丛林茂密，几条步行道穿行其中。这里有10余种斯里兰卡本土鸟类，还有野猪、赤麂和其他哺乳动物。公园无偿提供导游。公园距市中心3公里，乘三轮车往返约为Rs300。（Galway's Land National Park；Hawaeliya；门票 10美元，附加税12%；6:00~17:00）

哈克加拉花园

花园

6 见122页地图，E7

这个随意得有些凌乱的花园位于市区东南10公里处，是个享受大自然的好地方。

多条步道通向不同的主题园区，还可以看到树木繁盛的山坡和远处的村庄。许多当地人在周末会来这里郊游。每年1月到3月下旬是播种期，此时花园无法展示出最佳面貌。从市区坐公共汽车（Welimada-bound bus），很快就可以到达。（Hakgala Gardens；成人/儿童Rs1100/550；⏲7:30~17:30）

西萨阿曼庙 印度教寺庙

7 见122页地图，E7

这个色彩多样的印度教寺庙坐落在去哈克加拉花园途中的西塔埃利亚（Sita Eliya）。在印度史诗《罗摩衍那》中，这里就是当年悉多（Sita）被魔王拉瓦纳（Rawana）囚禁的地方。在河对面的岩石上有一些圆圈印记，人们说那就是拉瓦纳的大象所留下的脚印。泰米尔人举办婚礼时，会专门来这里祷告。（Seetha Amman Temple，Sita Eliya；免费）

就餐

Milano Restaurant 斯里兰卡菜 $

8 见122页地图，C2

这家位于镇中心的餐厅环境优雅，价格便宜，服务也好。菜单上的斯里兰卡菜、西餐和中国菜做得各有风味。你可以在下午的时候到这里放松一下，点些烘焙的小甜食。（24 New Bazaar St；主菜Rs180~380；⏲7:30~22:00）

De Silva Food Centre 斯里兰卡菜 $

9 见122页地图，C2

这家廉价的小餐馆坐落在繁忙的主干道上，主营斯里兰卡菜、中国菜还有镇上公认的“最好的汉堡”。餐厅有不少素食的rotti，可配作午餐时的点心。（90 New Bazaar St；主菜Rs200~350；⏲7:00~22:00）

Grand Indian 印度菜 $$

10 见122页地图，B7

这是镇上最受欢迎的餐厅，到了晚上你也许还要等位。餐厅以北印度菜为主，味道浓郁，非常美味。由于服务快速高效，餐厅里通常是一副活力四射、熙熙攘攘的氛围。（Grand Hotel Rd；主菜Rs600~700；⏲11:00~23:00）

Hill Club 各国风味 $$$

11 见122页地图，A5

在这里吃晚餐本身就是件大事儿，也是种特别的体验——你必须穿着正装。餐厅的五道正餐菜品是传统英式菜肴，如烤牛肉及各种配菜。在晚餐前一个多小时来的话，你还可以在这里的酒吧喝上一杯。若非住店客人，你需要付一笔Rs100的临时“会费”。（☎222 2653；29 Grand Hotel Rd；套餐US$24；⏲19:00~22:30）

格兰德茶点 茶点 $$

12 见122页地图，B7

不要错过位于Grand Hotel里的下午茶。下午三点半，身着白色制服的服务生会端上丰富的自助餐，有三明治、蛋糕等点心，还有各种口味的茶。在室外草坪上或是半露天的茶室都可以享用。（☎222 2881；Grand Hotel Rd；Rs800；⏲15:30~18:00）

独家贴士

团队游

镇上大多数的酒店可以组织坐轿车或越野车到**霍顿平原国家公园**（118页）一日游的行程，至公园大门车程约1小时。最多5名乘客的基本报价是Rs4000/人（不包含公园门票）。Single Tree Hotel作为廉价酒店也能组织水准不俗的一日游，可以一试。

Single Tree Hotel还可以安排去**佩德罗茶庄**（125页）和**情人峡瀑布**（125页）的旅行线路，费用是Rs1500。如果你想看各种瀑布，可以加入瀑布一日游（每辆小巴 Rs3000~8000），这个项目包含了游览6到18个不同的瀑布，以及参观拉布科勒茶厂。

饮品

Victoria Restaurant

咖啡馆

13 见122页地图，D4

这里是喝下午茶和咖啡的好去处，在维多利亚公园观鸟之后，可以到这里来放松一下。这里也提供简单的快餐（Rs300），你可以同时观赏公园的景色。（紧邻New Bazaar St, Victoria Park; 7:00~20:00）

埃拉

景点

纽堡绿茶工厂

茶厂

1 见124页地图，E2

如果你钟爱绿茶，可以来这里一看。纽堡茶厂属于Finlays公司，Finlays是全球最大的茶叶制造商之一，工厂在运营和组织方面与私营工厂有着显著的区别。所以你可以将其与其他红茶厂的行程做个有趣的比较。这里15分钟的参观行程有些紧凑匆忙，门票包含一杯绿茶的费用。从镇上过去要走一个半小时。（Newburgh Green Tea Factory; Passara Rd; 成人/儿童Rs500/免费; 周一至周六 8:00~18:00）

小亚当峰（Little Adam's Peak）

山

2 见124页地图，E3

埃拉很适合徒步，包括这座被当地人称为小亚当峰的地方。大多数客栈可以给你提供一张手绘的本地小径地图。沿着Passara路走到1公里标志牌，就能看到埃拉花园度假村（Ella Flower Garden Resort），然后再沿着左边的路一直行至小亚当峰的标识。在山顶上，可以看到瀑布和茶叶工厂在云雾缭绕的山间若隐若现。这条约4.5公里的行程往返需要2小时。早上7点出发比较好——在路上你会看到去茶园上班的泰米尔人。

埃拉岩石（Ella Rock）

山

3 见124页地图，B4

去往埃拉岩石的路更艰难些，需要导游陪伴。大多数客栈可以按每个团队Rs1500的费用为游客安排导游。这个旅程花3~4小时，站在埃拉石顶端看到的风景叹为观止。如果不想请导游，又希望路况好一些，你可以沿着朝Banarawela方向的铁轨走约45分钟，经过一座黑色的桥后，在左手边的小神龛左转，到达小型的拉瓦纳瀑布（Rawana Falls）。

尤瓦哈佩瓦斯萨茶叶工厂 茶厂

4 见124页地图，A1

这里的讲解员博学且友善，30分钟的参观过程中，你可以了解到大量的有关茶叶生产和处理加工过程的信息。在此你不仅能长见识，还可以品尝多种茶叶。茶厂商店（7:30～17:00营业）售卖的茶叶品种丰富且价格公道。从埃拉坐三轮车往返要Rs500。（Uva Halpewaththa Tea Factory；免费，讲解员 Rs300；⏲8:00～16:00）

就餐

Curd Shop 各国风味 $

5 见124页地图，B2

这是公共汽车站附近一个小店，在这里你可以品尝凝乳加蜂蜜，或者炒饼（Kotthu，饼切碎了与蔬菜等混在一起翻炒）。你可以早点起床，登小亚当峰前或下山后来这里吃上一点儿。在这里买一个三明治带着上路也不错。（Main St；餐Rs200～350；⏲7:00～21:00）

Garden View Restaurant 斯里兰卡菜 $

6 见124页地图，A4

这家餐馆深处丛林之中，外形似树屋，周边是自家的农田。在这里你可以一品当地风味，价格便宜，味道好，量也足。沿着去埃拉岩石的铁路走，就会经过这家餐馆。（主菜 Rs300～600；⏲7:00～22:00）

Down Town Rotti Hut 斯里兰卡菜 $

7 见124页地图，B3

这里是小镇上最受欢迎的吃快餐

当地生活

全天候的茶园生活

这家坐落在茶山之上的**Heritance Tea Factory**[☎555 5000；www.heritancehotels.com；Kandapola；房间 176美元起（含早餐）；📶]，开窗就能俯瞰连绵的高山茶园。作为斯里兰卡最原始的酒店之一，它是在一家百年老茶厂的基础上改造而成的，同时兼具博物馆与豪华酒店的功能。工厂的许多机器留在原处，并已纳入了酒店的设计，展示着古老的制茶工具跟工艺。酒店配有家庭客房、游乐场、小马驹骑道和保姆服务，对于那些带孩子的旅客无疑是个不错的选择。

酒店组织采茶和徒步活动——模仿采茶工人背着篮子在斜坡上学采茶，或徒步一到两小时，前往山坡的最高点。当然，你也可以在山间随意地散步，途中有不少采茶工人的小屋，看看他们生活的场景。

酒店有两家风格各异的餐厅，分别提供山区最好的餐食。其中一家餐厅位于一辆完整的旧式蒸汽火车车厢内，情趣盎然。

酒店位于努沃勒埃利耶东北方，乘车30分钟即可到达。

的地方（可送外卖）。美味的印度烤饼香味扑鼻。另外，这里的炒饼配料丰富，一定要浇上配的辣咖喱汁。这是我们见过的最受欢迎的食物之一。（Main St；炒饼Rs190~450；⏲8:00~21:00）

Cafe Chill

各国风味 $$

8 见124页地图，B2

这家路边咖啡吧有着一切可以吸引游客的要素：薄荷味的鸡尾酒，酷酷的风格，以及在餐桌边轻松闲聊的氛围。这儿的食物也很好吃，千万别忘了尝一下Lamprais（一张香蕉叶包裹的肉和蔬菜），但是做得比较慢。（Nescoffee Shop；Main St；餐Rs500~800）

Rawana Holiday Resort

各国风味 $

9 见124页地图，B3

在埃拉的许多客栈你都能吃到非常棒的家常菜，这里便是其中之一。你至少能尝试到8种特色的菜肴，包括糖醋茄子、辣味的土豆咖喱以及这里代表性的大蒜咖喱——由整棵"发臭的玫瑰"制成（吃起来比听起来好多了）。要想品尝这些菜，最好在下午三四点就到餐厅预订。（☎222 8794；Wemullahena；餐 Rs500；

了解当地

茶业大亨立顿爵士的足迹

你应该早已听闻过"立顿红茶"的大名了，任何地方超市里的茶叶货架都少不了它。它的创立者托马斯·立顿爵士（Sir Thomas Lipton）从小就有着异于常人的经商头脑。在发现人们对茶叶的潜在需求能量后，他精明地越过了传统的伦敦批发市场，直接来到茶叶的原产地，在斯里兰卡买下了自己的茶叶种植园。

距埃拉西南30公里的**丹巴特尼茶叶工厂**（Dambatenne Tea Factory；门票Rs250；⏲7:30~18:00），是托马斯·立顿爵士在1890年建立的，也是茶工业历史上最著名的一个地方。在工厂的参观基本上是一次学习的过程，你可以见识到茶叶制作的各个流程，同时还可以学习如何鉴别茶叶。可以说在这儿的茶叶工厂游览是最复杂完整的一个。周日不进行茶叶制作，所以可看的不多。

在丹巴特尼茶叶工厂附近，立顿之椅（Lipton' s Seat）瞭望台的风景堪比世界尽头（而且还是免费的）。托马斯·立顿，这名苏格兰的茶商巨擘曾经在此视察他欣欣向荣的茶叶帝国。你可以顺着茶叶工厂边箭头指示的平整的道路向上爬7公里，在经过一片翠绿的茶园后便可到达瞭望台，其间会有一些去上班的泰米尔采茶工和你同行。

你可以先到哈普特勒镇，再从车站乘坐去班达拉维拉（Bandarawela）的汽车，在茶厂下车（Rs 23；每30分钟1班）。坐三轮车往返需花费Rs500~600。

视觉中国 提供

在中部山区的徒步者

⌚18:00~20:00）

饮品

Little Folly Restaurant 咖啡馆

10 见124页地图，E3

在下午3点，喝一杯加了柠檬片的好茶，再来一块巧克力蛋糕。身处山区，还有哪儿比这个森林边的咖啡馆更享受呢？（Passara Rd；蛋糕 Rs150）

Dream Café 咖啡馆

11 见124页地图，B2

咖啡馆有一个绿树成荫的花园。这里的英式早餐很棒，意式浓缩咖啡也好喝，还有一些很不错的西餐小点，如玉米鸡肉卷，喜欢吃得健康一点可以选择水果冰沙和沙拉。这儿的啤酒也很棒，还是冰的哦。（Main St；主菜 Rs400~900）

购物

T-Sips 茶叶

12 见124页地图，B3

由斯里兰卡一位导游发起，成立了这家公平贸易茶店（商店卖的是茶叶而非茶水），借此来帮助当地的小型茶园。这里所得利润的5%捐给社区项目。（☎077 788 3434；www.expoteas.com；Wellawaya Rd；⌚8:00~19:30）

顶级景点

乌达瓦拉维国家公园（Uda Walawe National Park）

到达和离开

位于公园售票处以南23公里的安比里皮提亚（Embilipitiya）是很好的中转基地。这里有车发往坦加勒和马特勒。前往公园可以坐去Tanamalwila（Rs75）的车。从哈普塔勒到乌达瓦拉维国家公园的出租车约需Rs6500。

乌达瓦拉维国家公园大概算是真正能与非洲大草原相媲美的自然公园了。这里有着成群的大象、野生水牛、水鹿和锡兰豹，从观赏大象的角度看，乌达瓦拉维甚至超过了许多知名的东非国家公园。它的中心区域是308.2平方公里的乌达瓦拉维水库（Uda Walawe Reservoir）。虽然这里的植被并不丰茂，但是取而代之的是一种荒凉的美感，而缺乏茂密的植被也使得观赏到捕猎画面的概率增加。

乌达瓦拉维国家公园内的亚洲象

不要错过

乌达瓦拉维国家公园

除了大象、水鹿和野生水牛，公园里还有猫鼬、胡狼、水巨蜥、鳄鱼和懒熊，有时还能见到锡兰豹。公园里有三十多种蛇和种类繁多的鸟——据最近一次统计是210种；在11月至次年4月，北方居住的动物也会迁徙到这里暂住。公园门票包括导游费用，而这些导游大多对公园本身及其中的动物非常了解。一般都需要付小费。

大象过渡之家（Elephant Transit Home）

这个机构位于公园大门以西5公里处的主干道上，是为了照顾那些受伤的大象而成立的。在身心复原之后，大多数会被放归乌达瓦拉维国家公园。虽然不能近距离接触大象，但在大象喂食期间（9:00、12:00、15:00和18:00）参观还是很有意思的。现在这里有大约40头年轻大象，很是热闹。大多数越野车游的线路中都包括大象过渡之家的参观。

辛哈拉贾森林保护区（Sinharaja Forest Reserve）

由于对斯里兰卡的生物多样性和生态系统起着重要的保护作用，位于山地中心地带的原始雨林辛哈拉贾森林保护区（门票成人/儿童Rs 644/325，导游每人Rs1000起；⌚6:30~18:00，售票时间至16:30）在1989年被联合国教科文组织列为世界遗产。旱季（8月至9月，1月至4月初）是前往雨林的最佳季节。由于只能步行进入，你必须请一位导游为你引路和讲解。

代尼耶耶（Deniyaya）是前往保护区最方便的中转站，大部分酒店都提供包车或雨林一日游。这里每天有多趟往返加勒的班车（Rs120；3小时），也可从拉特纳普勒（Ratnapura）前往（Rs185；6:45至下午，每小时1班；5小时）。

国家公园：门票Rs1945，车费与服务费另计；⌚6:00~18:00

大象过渡之家：门票Rs500

独家贴士

▶在公园门口有可供旅行者租用的吉普车。游程是半天，加上司机最多8人，价格约为Rs3500。售票处通常在下午5点停止售票。观察象群的最佳时间是6:30~10:00，以及16:00~18:30。

吃喝落脚点

在乌达瓦拉维村庄及附近，有不少经济型的住宿点，而在村庄通往国家公园路上的住宿点会高档一些。这些住宿点大多含餐厅，**Superson Family Guest**（☎077 788 3434；Walawegama Rd；⌚8:00~19:30）就有很不错的家常菜。

探 索

阿努拉德普勒

在阿努拉德普勒的废墟错落分布的建筑物里，承载着丰富的考古及建筑学上的奇迹：数量庞大的舍利塔、耸立的砖塔、古池塘、颓圮的寺庙，这些建筑都是在阿努拉德普勒对斯里兰卡的千年统治时期的产物。由于节日和庆典众多，阿努拉德普勒始终保持着活跃气氛，一些建筑圣地和寺庙的用途延续至今。

在阿努拉德普勒的……

第1天

上午前往景区北部的阿巴哈亚奇瑞修道院区域。先到**阿巴哈亚奇瑞博物馆**（141页）了解中国僧人法显在此修行的故事。接着参观**阿巴哈亚奇瑞舍利塔**（141页）、**月长石**（141页）、**宝石宫**废墟，和呈冥想姿势的**三昧佛像**。可以顺便看看西边的**大象池塘**，随后沿Anula Mw往南，路过**城堡区**（137页）的皇宫遗址，到达**萨帕拉玛舍利塔**（141页）。

下午，游览**杰塔瓦纳拉玛舍利塔**（142页）后，去景区中心的玛哈维纳拉（Maha-vihara）区，游览**鲁万维里萨亚舍利塔**（140页）、**黄铜宫殿**（139页），参观展品丰富的**考古博物馆**（142页）

第2天

上午直奔神圣的**圣菩提树**（139页），接着去**米瑞撒瓦提亚舍利塔**（143页）。沿着Tissawewa水库边的小路往南，依次游览**皇家幸福花园**（144页）和**伊苏鲁姆尼亚寺**。最后到南边的**维萨基瑞亚**，这片古寺庙建筑群遗址也可追溯到公元前3世纪。

下午前往**米欣特莱**（144页方框），在日落之前登上山顶的**冥想石**（144页），看落日余晖笼罩万千佛塔。

顶级景点

阿努拉德普勒世界遗产景区（136页）

阿努拉德普勒最佳

佛教寺庙

圣菩提树（139页）

米欣特莱（144页）

餐饮

The Sanctuary at Tissawewa，当地风味（144页）

到达和离开

长途汽车 阿努拉德普勒共有3个长途汽车站。其中**新汽车站**去往东边和北边的贾夫纳、波隆纳鲁沃等地。去南部的班车从**老汽车站**发车，如康提、巴杜勒等。私人的空调车和一些高级长途汽车从**科伦坡汽车站**（Colombo bus station）发车，目的地有科伦坡、康提等大城市。

火车 阿努拉德普勒的主火车站是一座精美的建筑，主要目的地有科伦坡（5小时；每天5班）、康提（6小时；每天4班；在Polgahawela换乘）。

顶级景点

阿努拉德普勒世界遗产景区

(Anuradhapura Heritage Site)

你需要花上几天，才能很好地游览这被联合国教科文组织认定过的阿努拉德普勒世界遗产景区。遗迹规模很大，主要景点都在一块3平方公里的土地上。由于景区通票有效期只有一天，我们建议你把检票最频繁的地方——阿巴哈亚奇瑞，城堡、捷塔瓦纳拉玛景区，以及主建筑博物馆的行程压缩到一天内，然后第二天再去那些独立售票的景点，如圣菩提树和米瑞撒瓦提亚舍利塔。

见138页地图，B4

www.ccf.lk/anuradhapura.htm

景区门票25美元；部分景点单独售票

24小时

鲁万维里萨亚舍利塔

不要错过

玛哈维纳拉（Mahavihara）

这里的古迹是公元前3世纪到公元11世纪的产物，也是古阿努拉德普勒的中心地带。那棵传说被Sangaitta公主从印度带来的圣菩提树就在这里。在周末或“波耶日”，成千上万的信徒会来到这里祈祷。

阿巴哈亚奇瑞修道院（Abhayagiri Monastery）

在景区北端，拥有2000年历史的阿巴哈亚奇瑞修道院景区很大一部分仍然笼罩在热带森林中，是探索纯粹的古老城市的最佳区域。建于公元前1世纪的阿巴哈亚奇瑞舍利塔（Abhayagiri Dagoba）和精美的月长石（Moonstone）都在这里。

城堡（Citadel）

在阿巴哈亚奇瑞修道院往南的城堡区，曾是古阿努拉德普勒王国的皇宫所在地。这座建于1070年的宫殿饱经风霜，如今除了两块保存完好的护石已所剩无几。这个区域的Dalada Maligawa是斯里兰卡第一座佛牙寺，佛牙舍利在公元313年来到斯里兰卡时曾供奉在这里。

杰塔瓦纳拉玛（Jetavanarama）

景区东部的杰塔瓦纳拉玛包括一座巨大的杰塔瓦纳拉玛舍利塔和一座博物馆。

视觉中国 提供

独家贴士

▶由于阿努拉德普勒的主要景点都需脱鞋游览，可以穿方便点的鞋子。别忘带厚袜子，以免双脚被晒得火热的地砖烫伤。得体的着装是必须的，此外，白色被认为是神圣的颜色，你也可以以此来表示你的敬重。

吃喝落脚点

景区内没有餐厅，只有少量售卖饮品、水果、雪糕和小吃的摊档。你可以在城里最好的超市**Family Super**（279 Main St; 餐 Rs100~250; ⏲7:00~20:30）买点零食或面包带上。

到达和离开

这座城市的景点实在是太分散了，所以你基本无法徒步游览。一个历时3小时的出租车游，需花费大约Rs1500，而三轮车的话则要大概Rs1200。当地最好的交通工具是自行车，在大多数客栈都可以租到（Rs300~500/天）。

详细介绍请见
顶级景点 136页
景点 139页
就餐 144页
0 500 m
0 0.25 miles
A
B
C
D
1
2
3
4
5
6 Moonstone 月长石
5 Abhayagiri Dagoba 阿巴哈亚奇瑞舍利塔
ABHAYAGIRI MONASTERY 阿巴哈亚奇瑞修道院
7 Abhayagiri Museum 阿巴哈亚奇瑞博物馆
CITADEL 城堡
Anula Mw
Sanghamitta Mw
Vata Mandana Rd
Malwatu Oya
Ticket Office 售票处
Old Puttalam Rd
4 Thuparama Dagoba 萨帕拉玛舍利塔
Jaffna Junction
Trincomalee Rd
Basawakkulama
Archaeological Museum 考古博物馆
3 Ruvanvelisaya Dagoba 鲁万维里萨亚舍利塔
Halpan Ela
8 Jetavanarama Dagoba 杰塔瓦纳拉玛舍利塔
JETAVANARAMA 杰塔瓦纳拉玛
9 Jetavanarama Museum 杰塔瓦纳拉玛博物馆
Arippu Rd
Ticket Office 售票处
10
2 Brazen Palace 黄铜宫殿
THE MAHAVIHARA 大庙
Pond
11 Mirisavatiya Dagoba 米瑞撒瓦提亚舍利塔
Tissa Mw
1 Sri Maha Bodhi 圣菩提树
Sri Maha Bodhi Mw
Anuradhapura 火车站
New Rd
13
Nuwara Wewa
Dakunu Dagoba Mw
Anuradhapura Heritage Site 阿努拉德普勒世界遗产景区
Old Bus Station 老汽车站
Colombo Bus Station 科伦坡汽车站
12 Royal Pleasure Gardens 皇家幸福花园
Tissa Wewa 提萨维拉水库
14
People's Bank 人民银行
Dhamapala Mw
Kurunegala Rd
Seylan Bank 锡兰银行
16
Main St
Wewa Rd
Poncran Kulama
Jayanthi Mw
Hospital Rd
15
Rest House Rd
Godage Mw
Anuradhapura New Town 阿努拉德普勒新镇火车站
New Bus Station 新汽车站

视觉中国 提供

圣菩提树

景点

圣菩提树 圣树

1 见138页地图，B4

菩提树在这里可不止一棵，最古老也最神圣的那棵就在平台的最上端。这棵圣菩提树是从印度的Bodhgaya带来的断枝移植的，无论在精神上还是地理位置上，它都是僧伽罗人宗教信仰的中心。两千多年来，信徒们对它的守护从未间断。围绕着菩提树的围栏扶手和其他建筑上都扎满了祈祷用的旗子。在4月和12月，到处都是来做"snana puja"（祈祷和捐赠）的朝圣者。（Sri Maha Bodhi；门票 Rs200）

黄铜宫殿（Brazen Palace） 遗迹

2 见138页地图，B3

黄铜宫殿离菩提树很近，因耀眼的铜质屋顶而得名。据说这里曾经有9层，可供1000名僧人和来访者居住，但如今只剩下了1600根立柱。这里最初是杜图珈摩奴在两千多年前建造的，后来曾多次重建。每次重建之后，建筑就会变得更加宏伟一点儿。现在看到的立柱（被围栏围起来了）是最后一次波洛罗摩婆诃国王在12世纪重建时候留下的。

了解当地

一度辉煌的阿努拉德普勒

阿努拉德普勒在公元前380年成为斯里兰卡的首都。公元前3世纪，佛教从印度传入斯里兰卡，改变了阿努拉德普勒，也创造了僧伽罗文化。

位于米欣特莱（Mihintale）的山是天爱帝须王（Devanampiya Tissa，公元前247~前207年）首次被佛祖点化之地。最初的佛教使者从佛祖悟道的菩提树上取下枝叶，并将其带到了斯里兰卡。这棵树在阿努拉德普勒存活下来，现在被各式的经旗和灯光环绕着。渐渐地，阿努拉德普勒的王室与佛教之间产生了紧密的联系。国王们为寺庙提供房屋、贮水池和生活用品，以示尊崇。阿努拉德普勒也逐渐拥有了更重要的地位。

很快，阿努拉德普勒就成为一座出类拔萃的城市，直到南印度侵略斯里兰卡。好在没多久，僧伽罗人的英雄杜图珈摩奴（Dutugemunu）就率领一支从斯里兰卡南部来的部队，重新夺回了阿努拉德普勒。这名英雄的名字中的“Dutu”两字，竟是“不顺从”的意思，这是因为当时他的父亲为了儿子的安全，阻止他前去解放阿努拉德普勒。杜图珈摩奴违抗了父亲的意思，之后他给父亲送了一个女人的饰物，以显示自己的男子气概。

杜图珈摩奴（公元前161~前137年）展开了一个大规模的建筑工程，建成了一些现在阿努拉德普勒最让人印象深刻的建筑。后续的一些国王跟随他的建设步伐，其中包括Valagamba（公元前103年，公元前89~前77年在位），他在一次印度入侵中丢掉了王位，又经过努力夺回王座。除此以外，还有Mahasena（公元276~303年），阿努拉德普勒的最后一名“伟大的”国王，他建造了巨大的捷塔瓦纳拉玛舍利塔。他还保持着建造了16座水库的纪录，另有一条主要运河也是其所建。

阿努拉德普勒而后又繁荣了500年，最后波隆纳鲁沃（Polonnaruwa）取代了它的地位。这座城市因为其重要性一次又一次地遭受南印度的侵略。当地人开垦了大量土地，建造了许多道路，然而这些基础建设，却为侵略者提供了更方便的条件。

鲁万维里萨亚舍利塔

（Ruvanvelisaya Dagoba） 佛教遗迹

3 见138页地图，B3

雕有上百头肩并肩站立大象的围墙，包围着这座精美的白色舍利塔。在经历了若干次侵略而饱受破坏后，现高55米的舍利塔比它最初的高度要矮了不少，也不再是原有的“气泡”的形状了。其最低的一圈通常被鲜艳的布条包裹着。除了在西大门旁边的建筑，其他大多数是在近代按照公元前140年的原始样式复制而成的。舍利塔附近的区域是一个让人心情愉悦的绿色公园，废颓的古池塘和各种挺立的石柱如画一般。

萨帕拉玛舍利塔

(Thuparama Dagoba) 佛教遗迹

4 见138页地图，B2

在鲁万维里萨亚舍利塔以北一片美丽的森林中，坐落着萨帕拉玛舍利塔，它是斯里兰卡甚至全世界已被发现的最古老的舍利塔。它建于公元前3世纪，据说里面存放着佛祖的右锁骨。舍利塔最特别的地方在于它四周的立柱，这些立柱将建筑包围在4个同心圆里。据说最初立柱有176根，但现在只留下41根。有斯里兰卡学者认为这些立柱支撑的应是圆锥形的木顶，但目前还没有考古发现可以证明这一论断。

阿巴哈亚奇瑞舍利塔

(Abhayagiri Dagoba) 佛教遗迹

5 见138页地图，B1

这座巨大舍利塔的历史可以追溯到公元前1世纪，它曾经是一个5000人寺院的宗教仪式中心。100多米高的塔身经过几次修建之后，有着比周围的树木高出3~4倍的惊人视觉。舍利塔的名字的意思是"保护山"或者"无畏山"。根据经文中的描述，含有释迦牟尼遗骸的黄金牛雕像被安放在佛塔的核心位置。塔身有一些有趣的浮雕图案，北部有一块印有佛祖的脚印的巨大石板，而东边和西边的楼梯上，则装饰着同轴的月长石。

月长石(Moonstone) 纪念碑

6 见138页地图，A1

阿巴哈亚奇瑞舍利塔西北方向的一座建于9世纪的僧人学院中，拥有斯里兰卡雕刻得最精美的月长石，你可以数数在这块精雕细琢的石头上能发现多少种动物。也不要错过精美的台阶上刻着的大量小型雕塑。这里的部分建筑通常被错误地当作Mahasena的皇宫(Mahasena's Palace)或者皇后宫(Queen's Pavilion)。你可以在古迹游览中来这里歇歇脚，凉快凉快(附近有卖饮品和小吃的)。

阿巴哈亚奇瑞博物馆 博物馆

7 见138页地图，B1

这是一座由中国援建的博物馆，位于阿巴哈亚奇瑞舍利塔(Abhayagiri Dagoba)以南，用于纪念公元5世纪，中国东晋僧人法显到访阿努拉德普勒的事迹。法显在阿巴哈亚奇瑞寺庙住了一段时间，他抄录了多部佛教经典，之后将这些典籍带回了中国翻译整理。博物馆里陈列着一些矮碑、珠宝、陶器和景点出土的宗教雕像。(Abhayagiri Museum；免费；

独家贴士

不想走马观花？

如果想更深入地了解阿努拉德普勒的历史和故事，大多数住宿地都可以为你介绍持证导游。2个小时的游览讲解费用大约是Rs1500，不过你需要自己安排交通。Charitha Jithendra Jith是最棒的本地导游之一(☎077 303 7835；charithjith@yahoo.com)。

⏲10:00~17:00)

杰塔瓦纳拉玛舍利塔

(Jetavanarama Dagoba) 佛教遗迹

8 👁 见138页地图，C3

杰塔瓦纳拉玛舍利塔巨大的圆形屋顶俯瞰着阿努拉德普勒的整个东部地区。这座寺庙是3世纪由Mahasena建造的。庞大的球根状塔身没有灰泥外墙，据说由九千多万块砖建成。20世纪初一本英国旅游指南曾计算过这座舍利塔中心的砖头数量，足够建一堵从伦敦延伸到爱丁堡（约600公里）的3米高墙。在这座舍利塔的后面有一座寺庙遗址，曾经居住有3000名僧侣。这座建筑有一根长8米的门柱，至今仍然屹立不倒，门柱有3米在地底下。

了解当地

阿努拉德普勒的新佛塔

在建造大舍利塔的两千多年后，一个巨大的新佛塔**Sandahiru Seya**（月亮太阳神庙），出现在阿努拉德普勒的南边。受贾帕克萨总统（President Rajapaksa）的委托，建造工作始于2010年，计划2017年内完工。

它的设计高度达到85米，周长244米，高度超过杰塔瓦纳拉玛舍利塔和阿巴哈亚奇瑞舍利塔（但不会超过这两个古迹的原始高度）。Sandahiru Seya神庙正在用砖建造（超过3000万块），用灰泥覆盖塔身砖墙后，再进行最后的粉刷。

有争议的是，这仅仅是9座新佛塔计划中的一座，这是总统的命令，“旨在赞扬武装部队和警察为国家打败恐怖主义、带来持久和平的崇高精神”。然而，有些人反对用宗教纪念碑纪念斯里兰卡的军方行动。而政府则认为大部分市民都支持该计划（许多人都已为该项目捐款）。

杰塔瓦纳拉玛博物馆

博物馆

9 👁 见138页地图，C3

这座1937年的英国殖民主义时期建筑，为杰塔瓦纳拉玛的一些珍宝提供了一个合适的展示空间。这里展览的物件展现了高超的手工艺技巧。你可以看一下一号室（Room 1）里精美雕刻的尿壶。在屋如其名的宝物室（Treasure Room）里有各类珠宝、项链、雕刻和陶器。这里还陈列着7世纪建造的鎏金大佛。（Jetavanarama Museum；免费；⏲8:30~17:30）

考古博物馆

博物馆

10 👁 见138页地图，A3

这座博物馆的展品来自阿努拉德普勒和斯里兰卡的其他历史遗址，包括有趣的艺术品，包括雕刻和日常用品。值得留意的是一座恢复后的屋室，它是在米欣特莱挖掘出Kantaka Chetiya舍利塔时建造的。这间房间里有大量萨帕拉玛舍利塔式

视觉中国提供

米欣特莱

的"环形古屋"，这种建筑或许曾经有木屋顶（尽管并没有实证）。

在博物馆的底层展出了许多来自阿努拉德普勒西边寺庙建筑群出土的雕刻矮石碑，西边寺庙的僧人普遍厌恶那些奢豪禅修所内的同门。为了表达对贪恋奢华的僧侣的厌恶，他们雕刻了精美的石质马桶，然后将奢华修道院的样子刻于底部，每日在其上小解。这还不够，他们更雕刻了尿壶，上有财富之神将大把钱币撒入洞中的样子，以示视钱财如粪土的信念。你还可以在这里看到其他有趣的、有个性的雕塑。（持圣菩提树门票可进入；⏲周三至周一 8:00~17:00，公共节假日不开门）

米瑞撒瓦提亚舍利塔

佛教遗迹

11 见138页地图，A4

这是公元前2世纪，杜图珈摩奴占领这座城市后建立的第一座舍利塔。据说杜图珈摩奴到池塘里去洗澡，把他装饰精美的权杖插在岸边。然而当他想要拿回权杖的时候，却发现这个有着佛祖印记的东西却如何也拔不出来了。他把这当成了祥瑞，下令建造了这座舍利塔。米瑞撒瓦提亚舍利塔是沿着Tissa Wewa水库漫步时，可以游玩的三个有趣景点之一。（Mirisavatiya Dagoba；Rs250）

皇家幸福花园

（Royal Pleasure Gardens） 皇家花园

12 见138页地图，A4

这里也被称为“金鱼园”，占地14公顷。设计精巧池塘与花园周围的巨大圆石相映成趣，池塘边还有精美的大象图案的浮雕。杜图珈摩奴的儿子Saliya王子据说就是在这里遇到了一个叫Asokamala的平民女子，最后娶之为妻。为了她，王子放弃了自己的王位。

就餐

The Sanctuary at Tissawewa

各国风味、斯里兰卡菜 $$$

13 见138页地图，A4

在这个美丽的殖民时期酒店的走廊或餐厅，享受美食或喝一杯，那种惬意无法比拟。品尝一下辣椒腌制过的烤排骨，海鲜拼盘，或者来一块三明治。如果你在炙热的白天参观废墟，可以顺便在这里喝杯咖啡（可能是城里最好的咖啡馆，用白色的压花中国杯子盛咖啡）或果汁。这里不提供酒精饮料，但你可以自带。

了解当地

圣地米欣特莱

位于阿努拉德普勒以东13公里的米欣特莱（Mihintale），在斯里兰卡拥有特殊的地位。传说公元前247年，阿努拉德普勒的天爱帝须国王在米欣特莱山上猎到一头雄鹿，随后他碰到了印度阿育王（Ashoka）之子摩哂陀（Mahinda）。摩哂陀考较了国王的智慧，认为国王与佛有缘，便在此点化了国王。米欣特莱便成为佛教最早传入斯里兰卡的地方。

要想游览米欣特莱（Rs500；24小时）需要爬一段山坡，在清晨或黄昏上山，可以避开正午的热浪。1843级台阶直达顶部洁白的玛哈瑟娅舍利塔（Mahaseya Dagoba）和冥想石（Aradhana Gala），途中路过一系列舍利塔和佛教建筑。你可以在山下请个导游为你解说（Rs800；2小时）。千余级阶梯的确令人忐忑，但它并不是很陡，中途也有许多平台可供休息，但接近顶端时需要赤脚爬山。天气好时，在山顶可以看到整个阿努拉德普勒——一条遍布佛塔与舍利塔的地平线。这里也是欣赏日落的好地方。

从阿努拉德普勒到米欣特莱很方便，在新汽车站坐班车（Rs30；30分钟），出租车（Rs1500）与三轮车（Rs1200）的费用均含2小时等待时间。骑自行车单程不足1小时就能到达。

了解当地

古老的灌溉系统

阿努拉德普勒最后一位国王Mahasena在位时期，这里庞大的灌溉系统总共有16座水库和数条运河，其中3座大规模的水库保存至今。城市东面最大的Nuwara Wewa占地约12平方公里，建于公元前20年，至今仍为城市居民提供用水。在Nuwara Wewa周边有一些湖景客栈，是不错的落脚点。

位于古城南部，占地1.6平方公里的Tissawewa建于公元前3世纪。而位于古城西北部的Basawakkulama是最古老的一座，占地1.2平方公里，约建造于公元前4世纪。这几座水库边都有公路相连，适合骑自行车或者步行游览。

（☎025 222 2299；Old Puttalam Rd；主菜Rs800~1600）

Casserole 中国菜 $$

14 见138页地图，C4

这里没什么特别的地方，但如果你迫切需要带空调的房间，品尝非本地食品，那么这个位于2楼的宽敞的餐厅可以为你提供很多中国菜、东南亚菜（你可以尝试一下印尼炒饭）和西式菜肴。（☎025 222 4443；279 Main St；主菜Rs500~700；⏲7:00~20:30）

Seedevi Family Restaurant 自助餐 $$$

15 见138页地图，B5

这家餐厅有着一流的用餐环境，价格也比较高。餐厅以斯里兰卡风味的自助餐为主，性价比一般，自助早餐（Rs475/人）要好些。你也可以点餐，但上菜速度较慢。（No.562/B/1, Jayanthi Mawatha；自助餐Rs720；⏲6:00~22:30）

Walkers 斯里兰卡菜 $

16 见138页地图，D4

这家现代化的集咖啡厅、餐厅、商店为一体的地方，是享用鸡蛋、咖喱和面条的好去处。旁边有个露台可以就餐，员工很友好。（Harischandra Mawatha；主菜Rs200~350）

探索

锡吉里耶、波隆纳鲁沃和丹布勒

一个多世纪以来，考古学家如抽丝剥茧般地解析着这片杂草丛生风景中的历史。古僧伽罗王朝曾在此定都，并留下了大量的艺术和建筑瑰宝。锡吉里耶的岩石要塞，波隆纳鲁沃的精美雕刻，丹布勒山洞中的古老壁画，只是其中的一小部分而已。它们与阿努拉德普勒共同构成了斯里兰卡的“文化三角”。

在锡吉里耶、波隆纳鲁沃和丹布勒的……

第1天

上午到丹布勒，参观**石窟寺**（159页）里的一系列岩洞和洞中栩栩如生的佛教壁画。在镇上吃午餐后去汽车站，可以顺便看看途中繁忙杂乱的**丹布勒产品市场**（160页）。抵达锡吉里耶后，若太阳正烈，可以先到镇中心的**Chooti**（149页）开一个新鲜椰子或喝一杯水果奶昔休息一下，在下午4点左右前往狮子岩（148页）。这块高达200米的岩石的确是斯里兰卡最有魅力的景点之一。下山后，可以住到哈内普勒，若时间来得及，就到波隆纳鲁沃住下。

第2天

骑自行车游览**波隆纳鲁沃遗址**（152页），这里有距今千年的佛教雕像和寺庙废墟。上午从四方庭院开始，一路往北参观。下午出景区后，到托帕水库边找一处湖景餐厅稍事休息。傍晚时分游览**南部古迹群**（157页），或沿着水库骑行，与水鸟和牛群一起享受黄昏。

顶级景点

狮子岩（148页）

波隆纳鲁沃遗址（152页）

锡吉里耶、波隆纳鲁沃和丹布勒最佳

佛教寺庙

石窟寺（159页）

加尔寺（157页）

动物观赏点

米内瑞亚国家公园（161页）

文化遗迹

波隆纳鲁沃遗址（152页）

狮子岩（148页）

丹布勒石窟寺（159页）

到达和离开

这个地区的景点间距离不远，在主要城镇和旅游景点间都有频繁班车。其中哈伯勒内（Habarana）是区域中比较大的交通枢纽，这里有往来科伦坡、康提、阿努拉德普勒、波隆纳鲁沃、丹布勒等地的火车或公共汽车。

顶级景点
狮子岩(Sigiriya)

锡吉里耶标志性的岩石自中央平原崛起，高耸的石壁近乎垂直。它的魅力不会轻易展现，从地面一对庞大的刻进岩床里的狮子爪开始，你需要爬上一系列与陡峭的石壁相连的阶梯，才能到达顶端。在途中，你会看到很多奇异的壁画。顶峰上有古代文明的遗迹——短命国王迦叶(Kassapa)的皇宫遗址。此外，百合花掩映的护城河、水上公园和安静的圣地，还有卓越的遗址博物馆，都为锡吉里耶的狮子岩增添了巨星魅力。

www.ccf.lk/sigiriya.htm

成人/儿童 30/15美元

8:30~17:30

狮子岩的壁画

不要错过

皇家花园（Royal Gardens）

这是狮子岩建筑群的庭院。从主入口进来后，你会穿过完美对称的水上花园（Water Gardens），这片花园一直延伸到岩石脚下。绿树成荫的浴池和建有行宫的小岛，都是当年用作避暑的地方。

圆石花园（Boulder Gardens）

离狮子岩更近，这里产的岩石曾用作建造房屋的地基。大圆石的边缘像台阶一样的洼地，曾经是石墙和木柱的基座。在大圆石朝西的底座表面上，有一系列的台阶登上狮子岩，这一段爬坡的路非常陡峭。狮子岩的基座在美化后便成了露台花园（Terraced Gardens）。

壁画（Frescoes）

在攀登狮子岩的途中，一个开放式的旋转楼梯把你带到位于陡峭岩壁上的画廊。这里有一系列丰满纤腰的女人图像，人们普遍认为画上的不是apsaras（天神）就是Kassapa国王的妻妾们。也有人认为这些女性形象代表了密教佛教（Tantric Buddhism）中观音菩萨Tara。基本可以证实，它们是公元5世纪（Kassapa国王时期）的产物。在顶棚的保护下，壁画的颜色依然鲜亮。

镜子墙（Mirror Wall）

这堵墙上覆盖着一层光滑的釉，其上有6世纪至14世纪的涂鸦。由于当代的游客也在上面写了乱七八糟的东西，你需要费点儿劲儿，才能看清古代人留下的话。

一处典型的涂鸦写道："那些胸口上绑着金色链条的女人很吸引我。在看了这些金碧辉煌的女人之后，我觉得天堂也不是很好。"另一个写道："山坡那

☑ 独家贴士

▶ 参观狮子岩需要约1~2个小时，对着装没有要求。为了避免人潮和热浪，尽早出发吧。记得带上足够的水和防晒装备。如果你打算雇用景点门口的导游，要小心谨慎地讨价还价，问清所有情况。

吃喝落脚点

在博物馆附近的小店有面包、零食和饮料出售，景区入口和出口处也有卖水的小贩。在狮子岩所在的村庄有一些面向旅行者的咖啡西餐厅，几乎所有的客栈都提供餐食。可以试试镇中心的**Chooti**（见151页地图；主菜Rs180~300；⏲7:00~21:00）。丹布勒的吃喝选择更丰富。

到达和离开

狮子岩位于丹布勒以东10公里。往返丹布勒的长途汽车从6:30到18:30（Rs28，45分钟）运行，每30分钟1班。从丹布勒到狮子岩乘三轮车费用约为Rs800。

里一个长着鹿眼一般眼睛的女人很让我生气。她的手里拿着一串珍珠，表情看上去是要和我们作对。”这些涂鸦让学者们非常感兴趣，因为它们展现了僧伽罗语及其书写的演变过程，同时也表达了当时人们对于艺术和美的欣赏方式。

狮爪（Lion's Paws）

在岩体的北端，细细的走廊渐渐变成了宽大的平台。曾经，在这块平台的尽头坐着一只巨大的砖石做的狮子，狮子岩以此得名。这个狮子象征着佛祖Sakya-Simha（释迦族的狮子）的威严形象，而佛祖说出的真理则和狮吼一样掷地有声。不过这个建于5世纪的狮子已经消失，只剩下英国考古学家HCP Bell于1898年在这里挖掘出的两个巨大的狮爪。

顶点（Summit）

壮观的顶部露台面积有1.6公顷，人们认为这是国王迦叶在弑父后选择的王宫地点，现在只剩下低矮的建筑地基。露台下方，翠绿的林冠绵延了数英里。

距离舍利塔遗址30米的地方，有一块光滑的石板，一个长27米宽21米的池塘，是在岩石上凿刻出来的，怎么看都像现代的游泳池，尽管当时它可能只是用来储水的。

狮子岩的皇家花园

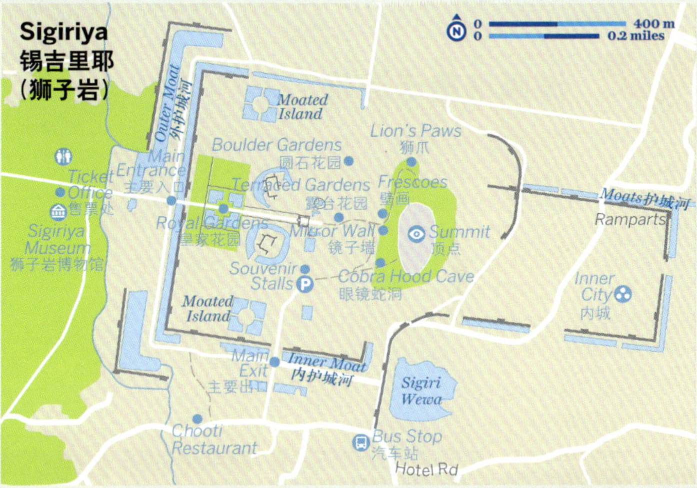

眼镜蛇洞（Cobra Hood Cave）

这块突出的岩石犹如眼镜蛇张开的嘴。岩石下方有一段写于公元前2世纪的文字，表明这块岩石曾属于Naguli酋长，他将这块石头捐给了一个僧人。现在涂了灰泥的洞穴内壁，一度装饰着动植物的壁画。你会在往南大门的路上经过这里。

狮子岩博物馆（Sigiriya Museum）

博物馆（⏲8:30~17:30）就在主售票处旁边，通过图文、模型等手段详细地介绍了这个景点。狮子岩是一座佛教寺庙的观点便来自于这里，尽管当地人更愿意相信那个更浪漫的解说——这里曾经是皇宫要塞。这里还向游客展示锡吉里耶与海湾国家、中国、印度和罗马帝国的贸易路线。在所有艺术品里，巨大的丰腴女神石像显得尤其突出。

顶级景点

波隆纳鲁沃遗址（Polonnaruwa）

800年前，王权以波隆纳鲁沃为中心，统治了斯里兰卡的中部平原。商人们自由地为稀有货品讨价还价，虔诚的信徒在众多寺庙中参拜祈祷。这段光辉的历史从考古发现中就可见一斑，你可以从中窥探这座城市全盛时期的模样。城市北边的遗址公园中，数百座古建筑——坟墓、寺庙、佛像、佛塔——紧凑地排列着。其实，仅四方庭院（Quadrangle）这一个景点就值得你来一趟波隆纳鲁沃了。

☎222 4850

成人/儿童 25/12.5美元

⏰7:30~18:00

瓦塔达吉

不要错过

考古博物馆

这家考古博物馆包括不同主题的陈列室：城堡、外城、寺庙区域（去看看僧侣医院和医疗器械的模型）和印度教遗迹。最后一个房间里展示一系列黄铜制品，包括著名的湿婆雕像。（Archaeological Museum；⏲9:00~18:00）

皇宫建筑群（Royal Palace Group）

这个建筑群包括波洛罗摩婆诃的**皇宫**（Royal Palace）和檐壁刻有大象图案的**观众厅**（Audience Hall），它的历史可追溯到波洛罗摩婆诃一世时期。在继续向北看参观其他主要纪念碑前，可先顺路来这里看看。

四方庭院（Quadrangle）

从皇宫遗址往北走一点就是四方庭院。这里集中了你能在古城里找到的大部分建筑样式。我们已经从南向北规划了遗址的路线，你将从四方庭院开始游览之旅。

瓦塔达吉（Vatadage）

在四方庭院东南方向，坐落着一座典型的vatadage（环形古屋）。它最外层环形平台直径18米，第二层环形平台有4个大门通往中间的舍利塔。大门两侧有非常精美的卫石。北门处的月长石被认为是波隆纳鲁沃最精美的。

萨帕拉玛贾迪吉（Thuparama Gedige）

在四方庭院的南端，Thuparama Gedige是波隆纳鲁沃最小，但唯一还有完整屋顶的，由枕梁拱式支架支撑的“gedige”（有厚壁的佛教寺庙）。凉爽宜人的内室里有8个雕刻精美的佛像。这座建筑有浓郁的

☑ 独家贴士

▶理论上门票只允许进景区一次，但你可以试着让检票员记下你的名字和日期，以便在炎热午后找个阴凉的地方休息一下，傍晚再次入园。在波隆纳鲁沃驿站古迹群和南部古迹群这两个景点不经常查票。

吃喝落脚点

许多小贩在园内卖饮品（包括冰镇椰子汁）和小吃。在南部的藏经阁附近，**The Lake Restaurant**（The Lake hotel，Potgul Vihara；主菜 Rs400~1400）的菜品丰俭由人，还可以享受湛蓝的水库景观。

到达和离开

波隆纳鲁沃的主火车站和主汽车站都在卡杜鲁维拉（Kaduruwela），往来这两处的公共汽车线路很多（Rs10）。坐三轮车需要Rs200或以上。骑自行车（Rs200~350/天）或小摩托车（Rs1500/天）游览遗址公园最合适，在镇上很容易租到。

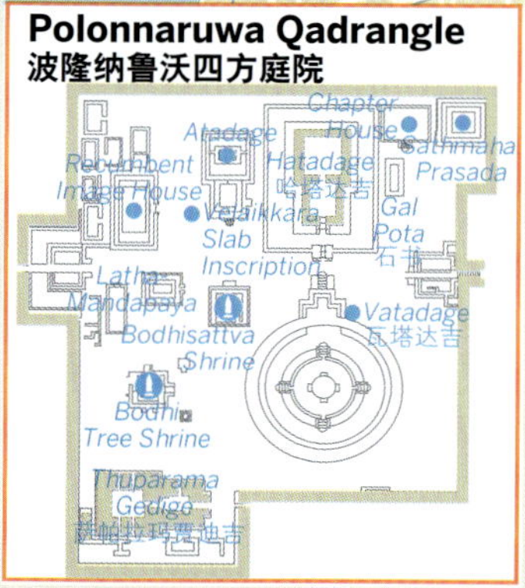

印度风格，一般认为是波洛罗摩婆诃一世时期留下的建筑。

哈塔达吉(Hatadage)

哈塔达吉是尼桑卡马拉建造的，它原本是两层楼的建筑（可能曾经安置过佛牙），如今年久失修。站在门口，你可以看到里面的对称地向纵深延展开去。

Latha-Mandapaya

这座建筑的特别之处在于用石头模仿木质栅栏，围着一座很小的舍利塔。据说尼桑卡马拉曾坐在这里听僧侣诵经。

石书(Gal Pota)

石书的北面是一个9米长、1.5米宽的ola典籍石碑刻文。这是斯里兰卡最长的石碑刻文（其他地方还有很多），风格和字迹证明这是尼桑卡马拉时期的产物。石刻的大部分内容都是对国王的歌功颂德，但也包含着一些注释性的文字，比如说这块重25吨的石板是从100公里以外的米欣特莱(Mihintale)拖过来的。

Velaikkara Slab Inscription

这座12世纪的纪念碑会告诉你，阿谀奉承之风不分时代国度。碑文写满了对国王极尽称颂的溜须拍马之词。

四方庭院周边

四合院的周围有诸多的印度教神庙，是10世纪南印度朱罗王朝侵略这里时留下的。13世纪的**一号湿婆神庙**(Shiva Devale No 1)就在四方庭院的南面，展示着波隆纳鲁沃的僧伽罗王朝全盛时期之后，印度文化回归的影响力。这座建筑出土时发现了

聂万用 摄

兰科特寺舍利塔

许多精美的铜器。现藏于考古博物馆里。**二号湿婆神庙**（Shiva Devale No 2）是波隆纳鲁沃最古老的建筑，可追溯到朱罗王朝时代。特殊之处在于它完全用石头砌成，你所见到的几乎就是它当年建造成的样子。

北部古迹群（Northern Group）

这里的古迹从四方庭院以北1.5公里起绵延开来。包括宏伟的Alahana Pirivena寺庙群。因为建在波洛罗摩婆诃时期的皇家火葬场内，因此它名字含义是“火葬学院”。再往北的加尔寺（Gal Vihara），也许是斯里兰卡最著名的佛像群。

兰科特寺（Rankot Vihara）

这座高54米的兰科特寺舍利塔是波隆纳鲁沃最大的，也是斯里兰卡第四大的舍利塔，它是在尼桑卡马拉国王时期建造的。这座舍利塔的造型复制了阿努拉德普勒的版本。在附近的废墟中出土了一些手术器具，看样子12世纪的医院和我们当今的医院非常类似。

兰卡提拉卡（Lankatilaka）

兰卡提拉卡最先由波洛罗摩婆诃建造，后来又由Vijayabahu五世修缮，是波隆纳鲁沃最突出的建筑之一。它的围墙高17米，不过屋顶已经垮塌了。侧廊通向一座巨大的无头立佛。外墙上装饰着浮雕作品，展示了典型的波隆纳鲁沃初期的建筑风格。

奇瑞寺（Kiri Vihara）

这是波隆纳鲁沃保存最完好的舍利塔。它是Kiri Vihara为了表彰波洛罗摩婆

了解当地

千年前的王国

波隆纳鲁沃曾作为朱罗王朝（Chola）和僧伽罗王国的首都长达3个世纪。虽然也有近千年的历史，这里却比阿努拉德普勒看上去“年轻”，也保存得更好（尽管规模也稍小）。

在公元10世纪后叶，南印度朱罗王朝（South Indian Chola）在占领阿努拉德普勒后，定都波隆纳鲁沃：从战略角度来看，想要更好地防范东南部的罗诃那（Ruhunu）僧伽罗王国的叛乱，波隆纳鲁沃无疑是一个更好的都城选择。当僧伽罗国王Vijayabahu一世在1070年将朱罗王朝赶出斯里兰卡之后，他仍然保留了波隆纳鲁沃的首都地位。

在波洛罗摩婆诃一世（Parakramabahu I，1153~1186年）的统治下，波隆纳鲁沃的发展达到了顶峰。国王投入巨大的财力将波隆纳鲁沃打造成一个伟大的亚洲之都。他建造了巨大的楼房，建造了漂亮的公园，而建造的占地25平方公里的水库更是伟大的成就。这个水库是如此巨大，以至于人们把它叫作Parakrama Samudra（帕拉克拉玛海）。而现在的这个湖是三个旧水库合起来的产物，所以也许它不是当年波洛罗摩婆诃建造的那个池子。

波洛罗摩婆诃一世的后继者尼桑卡马拉（Nissanka Malla，1187~1196年）十分善良，他是波隆纳鲁沃最后一位为民牟利的国王。13世纪初，波隆纳鲁沃和阿努拉德普勒一样，开始频繁受到印度侵略，最后，波隆纳鲁沃也沦陷了。加上灌溉系统的崩溃、疾病的肆虐，波隆纳鲁沃被废弃。短短几十年，茂密的森林就占领了这里。

后来，僧伽罗人的权力中心便从波隆纳鲁沃转移到了斯里兰卡的西南部地区。在1253年到1400年之间，又出现了5个不同的首都，但没有一个像阿努拉德普勒或波隆纳鲁沃那样强盛。同时，强大的贾夫纳王朝开始扩张，并占领了岛屿的大部分。

随着僧伽罗北部首都的衰落及随之发生的移民南迁，一个由丛林形成的宽阔的缓冲带（正是波隆纳鲁沃所在的中部地区）出现了。它把北部泰米尔人的沿海居住点和南部僧伽罗人的内陆居住点分离了几个世纪，播下了斯里兰卡种族分歧的种子。

1982年，联合国教科文组织将波隆纳鲁沃古城列入《世界遗产名录》。

诃国工的工后Subhadra而建的。在经历了700年的荒弃之后，这座石膏建筑被发现时依然保存完好。

加尔寺(Gal Vihara)

加尔寺有4座佛像，各雕在一整块大型花岗岩上。它们也许标志着僧伽罗王国最高超的岩石雕刻技艺。曾经每座佛像都有自身独立的院子。

立佛高7米，被认为是其中最精美的一座。不同寻常的姿势以及脸上悲怆的表情都似乎证明了这是佛祖的弟子Ananda。他的边上就是一座卧佛像，可推断他正沉浸在佛祖涅槃的痛苦里。由于这座佛像有自己的独立院落，又由于同时发现了同样姿势的许多佛像，目前人们更愿意相信，这些都是佛祖的塑像。

长14米的卧佛像描述了佛祖圆寂的悲伤情景。你可以发现连卧佛的枕头也雕刻得十分精细。另外两座佛像都是坐佛。那座放在小岩洞里的佛像比较小，雕工更精细。

南部古迹群(Southern Group)

规模比较小的南部古迹群中，比较特别的是**藏经阁**(Potgul Vihara)，该建筑外层是厚壁，中空，长得有点儿像舍利塔，一般认为是用来存放珍贵典籍的地方。

在南部古迹群附近有一系列高端酒店。沿着Topa Wewa岸边骑行是个很让人愉悦的活动。这儿的牛背鹭与牛群比人还多，它们友好共处如朋友一般。

驿站遗迹群(Rest House Group)

与Polonnaruwa Heritage Hotel几步之遥的废墟是尼桑卡马拉的皇宫(Nissanka Malla's palace)，这又是一片回归大自然的土地。在**国王议会院**(King's Council Chamber)，曾经安放着国王的石狮子王座。该王座现存于科伦坡的国家博物馆里。屋内的立柱上雕刻的，是曾经坐在旁边椅子上的大臣的名字。房子旁边有一座小山丘，水库水位升高的时候就成了一个小岛。岛上的遗迹是国王夏季的小型行宫。

A
B
C
D
1
2
3
4
5
Anuradhapura Rd
5
Buses to Sigiriya, Trincomalee, Anuradhapura & Polonnaruwa
去锡吉里耶(狮子岩)、亭可马里、阿努拉德普勒和波隆纳鲁沃的汽车
Clock Tower
钟楼
Bus Terminal
长途汽车站
Matale Rd
4
Dambulla Produce Market
丹布勒产品市场
6
Dambulla Bakamuna Kalugahawela Road
Royal Rock Temple
石窟寺 1
Golden Temple
黄金寺 2
P
Kandy Rd
3
Dambulla Museum
丹布勒博物馆
0 400 m
0 0.2 miles
N
详细介绍请见
景点 159页
就餐 161页

丹布勒（Dambulla）

景点

石窟寺　　佛教寺庙

1 见158页地图，B5

美丽的石窟寺建筑群位于丹布勒市往南200米。这里有5个独立的石洞，里面有大约150幅佛像画作，是斯里兰卡最珍贵和最令人回味的宗教艺术。2000年前，佛教的形象最先在这里被创造出来，这些洞穴当时就已成为人们祈福的地方。接下来的几个世纪，国王们陆续派人对岩洞艺术作品添补修饰，这种模式一直延续到20世纪。值得一提的是，这些作品从整体上看感觉惊人的一致。（Royal Rock Temple；成人/儿童 Rs1100/免费；7:00~19:00）

一号洞（Devaraja Viharaya）

第一个岩洞，是万神之王寺（Temple of the King of the Gods），里面有一尊15米长的卧佛。卧佛附近是佛祖在当地收的皇家弟子阿南达（Ananda）以及其他坐佛像。洞穴内的一个小佛龛里放着一尊毗湿奴的雕塑，但这个佛龛通常是不开放参观的。

二号洞（Maharaja Viharaya）

以室内的两个国王塑像而命名的大王寺（Temple of the Great King），可以算是这里最壮观的洞穴了。它东西长52米，从大门到墙纵深23米，天花板的最高处为7米。进门后，左手边有一座上了色的木质雕像，那是Valagamba国王；里面的另一座雕像是Nissanka Malla国王。这座洞穴还安放了一座佛祖雕像，右手举起，摆出了大无畏手印（abhaya mudra，表示“保护”的姿势）。印度教诸神也是用这个手势表达“保护”的。岩洞里的沟渠会收集从天花板上滴下的水——即使在干旱季节里也滴水不断，而这些水到祭祀仪式时便可使用了。

三号洞（Maha Alut Viharaya）

与二号洞一墙之隔的三号洞叫新伟大寺（New Great Temple）。据说这个寺庙是康提最后一任国王Kirti Sri Rajasinghe在18世纪由一个储藏室改造而来的。这个洞穴同样装满了佛像，包括一尊漂亮的卧佛。

视觉中国 提供

丹布勒石窟寺

四号洞（Pachima Viharaya）

这个相对较小的洞叫西方洞穴（Western Cave），室内最中间的佛像位于一个有龙饰的拱门之下，佛像做着禅定印（dhyana mudra，手成杯形的一种冥想的姿势）。中间小小的舍利塔曾被小偷打碎，因为小偷认为这里面藏着Somawathie皇后的珠宝。

五号洞（Devana Alut Viharaya）

这个比较新的洞穴曾经是储藏室，然而现在它已命名为第二新寺（Second New Temple）。洞穴里有一尊卧佛，里面还有印度教神明，如印度教战神穆鲁甘（Murugan）和毗湿奴（Vishnu）。

独家贴士

探索狮子岩周边地区

有一辆自行车，你就能把狮子岩附近转个遍了。位于狮子岩景区以北1公里处的**皮杜兰珈拉岩石**（Pidurangala Rock）是个不错的起点，这里包括一座寺庙和一个小型博物馆，而且永远不会很拥挤。爬上岩石，南边狮子岩朦胧的景色会让你毕生难忘。

另一条不错的骑行路线，是沿后面去丹布勒（Dambulla）的公路骑行25公里，途中将路过Amaya Lake Hotel和Kandalama Wewa，后者是一个巨大的水库。

黄金寺

佛教寺庙

2 见158页地图，C5

在石窟寺的山脚下，有一座现代风格的黄金寺。它只是一个精美而俗气的建筑，是2000年日本捐助建成的。这座建筑造型夸张，顶部有一座金光闪闪的佛像，摆着dhammachakka mudra（转轮）的姿势，边上还有一个巨大的霓虹灯标志。（Golden Temple；www.goldentemple.lk；免费）

丹布勒博物馆

博物馆

3 见158页地图，C5

博物馆位于石窟寺主洞穴停车场南边500米，里面陈列着石窟寺里出土的艺术品和工艺品，包括岩洞壁画，以及18世纪的壁画等，配有详细的英语解释。工作人员很热衷于带你参观。（Dambulla Museum；成人/儿童 Rs250/130；7:30~16:30）

丹布勒产品市场

市场

4 见158页地图，C3

即使你没想要买一车皮的香蕉，这个位于镇中心以西的大型批发市场也值得你逛上一逛。这里售卖各种看着很有趣的斯里兰卡物产，那些不知道从哪儿被直接甩出来的东西（要小心避开，别挡着任何东西的道儿），明天就会出现在科伦坡的市场上。（Dambulla Produce Market；Matale Rd；12:00~15:00）

了解当地

米内瑞亚国家公园和卡杜拉国家公园

这片地区有几个大象活动频繁的国家公园，让你不用忍受亚拉国家公园的人流，便可以看到大象和其他动物。7月至9月，两百多头大象会在**米内瑞亚国家公园**(Minneriya National Park；成人/儿童 Rs1950/1050，服务费和增值税另计)内的“集合点”(the Gathering)聚集几个礼拜。成群的鸟儿，如鸬鹚、苍鹭和鹈鹕等，也会到这浅浅的水边捕鱼。其他季节也有可能看到成群结队的大象，还有可能发现猕猴、水鹿和鳄鱼的身影。公园位于哈伯勒内到波隆纳鲁沃的公路上，5月至9月的旱季是参观公园的最佳时间。

位于哈伯勒内至亭可马里公路上的**卡杜拉国家公园**(Kaudulla National Park；成人/儿童 Rs1200/700，服务费和增值税另计)的最佳游览季节是10月至次年3月。10月，公园里通常有近250头大象，其中包括一些幼年公象，也有其他的野生动物。

哈伯勒内(Habarana)是游览这两个国家公园的基地。这里许多客栈都可以组织吉普车到米内瑞亚和卡杜拉旅游。进入国家公园需要有一名经认证的导游带你驱车游览。两个国家公园的游客服务都不错。在旺季，公园门口就有不少坐在吉普车里等游客的导游，你也可以让你所住的客栈帮忙雇一名导游。算上导游费和不菲的门票钱，一次4小时的入园游玩的价格大致是两人90美元。此外，还要给随行的公园管理人员一点小费。

就餐

Bentota Restaurant 斯里兰卡菜 $

5 见158页地图，C1

在镇中心，这是一个不错的本地连锁品牌，售卖多种小吃和美味的咖喱饭。(Anuradhapura Rd；主菜 Rs300起；⌚8:00~20:00)

Dambulla Heritage Resthouse Cafe 咖啡馆 $$

6 见158页地图，C4

这是家很可爱的咖啡西餐厅，到处装饰着黑白照片，布置着仿古家具，从卡布奇诺和水果蛋糕到像干锅鸡(Rs595)和湖鱼(Rs550)这样的可口饭菜，一切都是那么完美。还有很多优质葡萄酒可供选择。(Kandy Rd；主菜 Rs600~1000)

探 索

贾夫纳地区

位于岛屿北端的贾夫纳是斯里兰卡泰米尔文化的中心。从小型的神龛到五彩缤纷的印度教寺庙，这里有数不清的印度教建筑。海边的阳光下，扇叶树头榈影影绰绰，沙滩与珊瑚礁泛着银光。这个美丽而自在的地方游客很少，你可以以贾夫纳为基地，去西边的岛屿探索，或沿着半岛的海岸线和潟湖游览。

在贾夫纳地区的……

第1天

在市区游览。登上**贾夫纳城堡**（171页），俯瞰贾夫纳咸水湖以及整个城市。然后到城堡北边的市场区逛逛，在**贾夫纳市场**（174页）里的**Malayan Cafe**（173页）吃顿地道的当地菜。下午去往纳鲁尔坎达司瓦姆神庙（171页），在16:15~17:00之间有3场祈祷，可以一看。晚上在神庙旁边的**Mangos**（173页）尝尝南印度菜。

第2天

在半岛区域游览。先前往**奇瑞马来温泉**（165页），这处宗教圣地拥有许多充满传奇色彩的温泉池，可以一试。再看看旁边建于公元前6世纪的Naguleswaram Shiva Kovil神庙。接着前往**佩德罗冲浪点**（166页），在途中路过Puttur附近的**Sri Murugan Café**（165页）吃顿咖喱米饭。

第3天

去往**离岛**（177页方框）。有两条线路可选，一条是经韦勒奈岛（Velanai）到Punkudutivu岛的Kurikadduwan，然后坐渡轮前往纳加迪帕（Nagadipa），这里同是佛教和印度教的圣地。另一条是从韦勒奈岛的Kayts坐渡轮到卡莱提吾岛（Karaitivu），再前往Kairanagar。这条线以自然风光为主，在Kayts也有些值得一看的殖民建筑。两条线路乘公共交通就可以实现，如果包车也可以一天走完。

顶级景点

贾夫纳半岛（164页）

贾夫纳地区最佳

佛教寺庙

纳奈岛（176页）

餐饮

Mangos，当地风味（173页）

节庆

纳鲁尔节（172页）

到达和离开

飞机 贾夫纳的Palali机场在镇子以北17公里，Fits Air和Helitours两家航空公司都有航班去往科伦坡和亭可马里，也提供机场巴士接送。

长途汽车 CTB汽车站和紧邻的私人汽车站（Kasturiya Rd）都有定点长途汽车发往阿努拉德普勒（5小时）、科伦坡（12小时）、康提（9小时）、亭可马里（7小时）等地。

火车 贾夫纳火车站每天有4趟列车经阿努拉德普勒往返科伦坡（7~10小时）。

顶级景点

贾夫纳半岛（Jaffna Peninsula）

一旦离开贾夫纳进入郊区，你的视野便被棕榈树、色彩鲜明的寺庙、潟湖和数英里的海岸填满。然而，这些地方难免弥漫着一丝阴森悲凉的气氛——这是数十年来战争留下来的。满是弹孔的大楼，没有屋顶的房子被长期弃置，变成了树木杂草丛生的废墟。

单独看，这些地方没有多少特别之处；然而连在一起，你便可以计划出1至2天有趣的探索之旅，尤其在你已经租到了自己的交通工具之后。

大部分景点免费

大部分景点24小时开放

贾夫纳的海岸

不要错过

前往奇瑞马来温泉（Keerimalai spring）

从贾夫纳出发，有一条笔直的路通往北方小镇Chunnakam，从这里向西一路驶过一条3公里长弯弯曲曲的小巷，就到了美丽神秘的**卡塔拉待废墟**（Kantarodai Ruins；⏲8:30~17:00）。这里有1~2米高的24座舍利塔，被一片棕榈树环绕着。

回到主公路（KKS公路），13公里路标的地方，大型的**斯尔卡安曼神庙**（Thurkkai Amman Kovil；⏲5:30~19:00，有时13:00~15:00关门）就建在一座比较深的水池后方。这座寺庙供奉的是女神Durga。周二和周五，女性们来到这里祈求能有一个好夫婿。寺庙里还有一座容纳150名儿童的孤儿院。

沿主路一直走就能到达神圣的**奇瑞马来温泉**。在男士区域，石阶下沉的汤池如画一般，池水是和大海一样的宝蓝色；而女士区域的汤池面积稍小，四周由高墙围绕（确实是出于好意而为），现场也有更衣室，女士沐浴时需要穿得保守些。这里的水传说有治愈疾病的效果。在温泉边还有一座公元前6世纪建造的Naguleswaram Shiva Kovil，是斯里兰卡为湿婆神建造的5座庙宇之一。寺庙在1990年遭到了军队的炮弹袭击，原来的建筑只留下了一些痕迹。在内战之前，这里是印度教兴盛一时的朝圣之地。

从奇瑞马来温泉往西景色更好，棕榈树林掩映着沿海公路。16公里后到达Ponnalai，这里有一条通往Karainagar岛的长堤。

瓦尔韦提图拉（Valvettiturai）

美丽的海滨大道一路向东北就是瓦尔韦提图拉，这里是猛虎组织领袖韦卢皮莱·普拉巴卡兰（Vellupillai Prabhakaran）的出生地。今天，快乐老家已经

☑ 独家贴士

▶在路上，你会看到雷区标志。因此千万不要偏离主路线，也不要去那些废弃的海滩和草地。在北部地区游泳，女士需要穿上T恤和短裤。

吃喝落脚点

这些道路上的餐厅并不丰富，甚至在佩德罗冲浪点也很难找到餐厅。在Puttur以西3公里有家老式咖啡馆**Sri Murugan Café**（Vakaiadi；主菜Rs180；⏲5:00~21:00），供应米饭和咖喱。位于大象通道堤道上的酒店也有超值套餐（Rs200~400）。

到达和离开

CTB和私人小巴有到环半岛各景点的汽车线路，发车地点在CTB汽车站和Powerhouse Rd上的汽车站。其中769路经过奇瑞马来温泉线路上各点。私人小巴82、87、89去往温泉。750路、751路去往佩德罗冲浪点。从佩德罗冲浪点乘三轮车到穆奈沙滩单程需要Rs200。

化为乌有。政府军在2010年把那里夷为平地，观察家们认为此举是为了不让他的老家变成旅游胜地，甚至成为圣地。

佩德罗冲浪点及周边（Point Pedro & Around）

从瓦尔韦提图拉沿海公路蜿蜒向东，便能到达佩德罗冲浪点。这片区域在2004年海啸时遭到严重的破坏。现在，沿海一线有着白色的沙滩和近岸的珊瑚礁，非常漂亮。你会经过一连串的小渔村，路边整齐地晒着渔民捕来的各种海味。

破败的佩德罗冲浪点是贾夫纳半岛的第二大镇，镇上有许多殖民时期的建筑。从佩德罗冲浪点汽车站向南走100米再向东转，你会经过**石头关卡**（Tollgate），据说是荷兰人留下的。再往前走500米左转，你就会来到**圣安东尼巷**（St Anthony's Lane），这里有镇上最棒的两座教堂。海滨道路向东再延伸1公里就到了**佩德罗冲浪点灯塔**（Point Pedro Lighthouse）。最美的**穆奈沙滩**（Munai Beach）需要再往前走两公里，那儿能看到Vadamaraadchi咸水湖美丽的风景。

大象通道（Elephant Pass）

大象通道是一条很窄的堤道，连接着贾夫纳半岛和斯里兰卡北部。在公元前

圣安东尼巷的教堂遗址

300年到19世纪之间，动辄有上百头大象从这里被赶到印度。沿途你能看见被炸毁的大楼和雷区的标志，同时不乏壮观的海景。

对于大多数斯里兰卡人来说，这个名字又不得不和那场残酷的内战联系起来。今天，几乎所有战争的印迹都被清除了，只留下一座纪念碑。纪念碑周围的湿地格外地美，蓝色大海环绕着白色沙滩和红树林，有很多珍稀鸟类适时来此栖息。从纪念碑向南再走15公里，就到了基利诺奇镇（Kilinochchi）。

A
B
C
D
1
2
3
4
5
详细介绍请见
景点 171页
就餐 173页
饮品 174页
购物 174页
0 400 m
0 0.2 miles
Nawalar Rd
Sivan Kovil Rd
Kankesanturai (KKS) Rd
Manipay Rd
Kasturiya Rd
Kannathiddy Rd
Palali Rd
Sirampiyadi La
Stanley Rd
11
9
私人汽车站
CTB汽车站
16
18
Power House Rd
Fish & Meat Market
去科伦坡的私人长途汽车
私人小巴站
HNB
Commercial Bank
商业银行
Hospital 医院
Point Pedro Rd
Hospital Rd
Muneeswaram Rd
Clock Tower Rd
Circular Rd
Karativu Rd
Pannai Causeway
Helitours
Clock Tower
钟楼
Jaffna Fort
贾夫纳城堡
2
Jaffna Public Library
贾夫纳公共图书馆
3
Esplanade Rd
Front St
Vembadi St
Second Cross St
Olr Av
Third Cross St
Fourth Cross St
Fifth Cross St
Martyn Rd
Duryappa Stadium
Main St
Circular Rd
Chapel St
First Cross St
Jaffna Lagoon
贾夫纳潟湖
6
St James'
圣詹姆斯教堂
Bankshall St
Beach Rd
Mt Carmel Rd

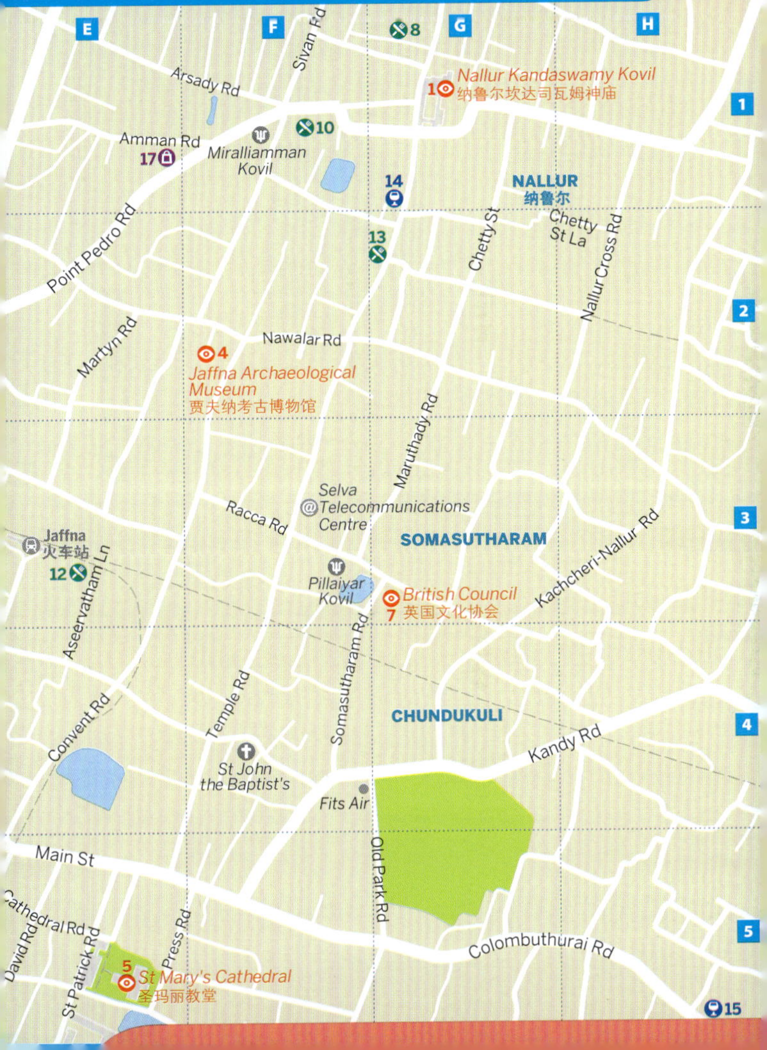
E
F
G
H
1
2
3
4
5
Sivan Rd
8
Arsady Rd
Nallur Kandaswamy Kovil
1
纳鲁尔坎达司瓦姆神庙
10
Amman Rd
17
Miralliamman
Kovil
14
NALLUR
纳鲁尔
Chetty St
Chetty
St La
Nallur Cross Rd
13
Point Pedro Rd
Martyn Rd
Nawalar Rd
4
Jaffna Archaeological
Museum
贾夫纳考古博物馆
Maruthady Rd
Selva
Telecommunications
Centre
Racca Rd
SOMASUTHARAM
Kachcheri-Nallur Rd
Jaffna
火车站
12
Aseervatham Ln
Pillaiyar
Kovil
British Council
7
英国文化协会
Somasutharam Rd
Temple Rd
CHUNDUKULI
Convent Rd
Kandy Rd
St John
the Baptist's
Fits Air
Main St
Old Park Rd
Cathedral Rd
David Rd
St Patrick Rd
Press Rd
Colombuthurai Rd
5
St Mary's Cathedral
圣玛丽教堂
15

A
B
C
D
E
1
2
3
4
1 Karaitivu 卡莱提吾岛
Karaitivu 卡莱提吾岛
2 Ponnalai Vishnu Kovil
3 Kayts ferry 前往纳奈岛凯兹的轮渡
4 Cemetery
Fort Hammenhiel 汗门海尔城堡
5 Chaatty Beach
Jaffna Pannai Kayts Rd
Velanai 韦勒奈岛
Mandaitivu 曼代岛
Eluvaitivu 埃卢瓦伊岛
Analaitivu 阿纳莱岛
Punkudutivu 蓬库杜提吾岛
6 Punkudutivu 蓬库杜提吾岛
7 Naga Pooshani Amman Kovil 娜迦普闪阿曼神庙
8 Nagadipa Temple 纳加迪帕寺
Nainative 纳奈岛
9 Neduntivu 内顿提吾岛
详细介绍请见
景点 175页
0 4 km
0 2.5 miles

视觉中国 提供

纳鲁尔坎达司瓦姆神庙

贾夫纳市区

景点

纳鲁尔坎达司瓦姆神庙 印度教寺庙

1 见168页地图，G1

这是斯里兰卡最重要的印度教庙宇群之一，它的历史可追溯到1734年。庙宇群中有缀满黄铜饰品的巨大顶棚，比真人还大的壁画，而核心是一座高耸的金色门塔，外壁雕着神像，里面供奉着穆鲁甘（Murugan，或称Skanda）神。其他的印度教神灵比如Ganesh，则处于圣所周围的神龛里。神庙位于镇中心东北方向约1.5公里处。盛夏时节，人们会欢度隆重的纳鲁尔节，此时寺庙就是节日的焦点。（Nallur Kandaswamy Kovil；Temple Rd；接受捐赠；🕓4:00~19:00）

贾夫纳城堡 要塞

2 见168页地图，B4

贾夫纳城堡曾是亚洲最大的荷兰城堡之一，是在更早期的葡萄牙建筑的基础上于1680年建设完成的。几个世纪以来，它一直是兵家争夺的焦点。内战时，政府军把城堡作为营地，数以千计的军队和平民一度在这里定居，而猛虎组织在1990年控制了贾夫纳其他区域后，在这里展开了一场恐怖的长达107天的包围战，最终将政府军赶出了这座城堡。如今，你可以欣赏到城堡的城墙、门廊和护城河，还可

了解当地

贾夫纳的节日

纳鲁尔节（Nallur Festival）

每年7月至8月，贾夫纳独特的为期25天的纳鲁尔节正式开始：这个节日的高潮在第24天，因为有巨型神像游行以及虔诚信仰者触目惊心的宗教性的自虐表演。

贾夫纳音乐节（Jaffna Music Festival）

除了宗教节日，在奇数年的3月，城市会举办两年一次的贾夫纳音乐节。其间会有来自当地和国际的音乐家进行演奏，也有来自本国各地以及远至巴西和挪威的表演团体进行表演。

以从城墙上俯瞰整个城市。（Jaffna Fort; Main St; 免费）

贾夫纳公共图书馆 图书馆

3 见168页地图，B4

据说2002年内战停火之后，斯里兰卡第一个重建的公共建筑就是贾夫纳公共图书馆。早前的图书馆（包括许多珍贵的泰米尔文献）据称是在1981年被反动派烧毁，许多泰米尔人视为文化上的攻击。这些举动也成了内战的重要导火索。在重建过程中，建筑师们竭力保留了原始的新莫卧儿王朝风格，如今的图书馆明亮宽敞，吸引许多市民前往。在图书馆前方，坐落着一座Saraswati——印度教知识女神的雕像。（Jaffna Public Library; Esplanade Rd; 9:00~19:00）

贾夫纳考古博物馆 博物馆

4 见168页地图，F2

这座凌乱而有趣的博物馆掩映在一个乱糟糟的花园尽头。在大门口有一对从军事要塞运来的已生锈的荷兰大炮以及一系列鲸鱼骨头。博物馆里，最有趣的展品就是在卡塔拉待（Kantarodai）发现的15世纪佛陀躯干像，以及一个14世纪的"七嘴壶"。（Jaffna Archaeological Museum; Nawalar Rd; 接受捐赠; 周三至周一8:00~16:45）

圣玛丽教堂 教堂

5 见168页地图，E5

荷兰人沿用经典风格建设的圣玛丽教堂，教堂有一块波浪形的铁屋顶，下方则由精美的木质结构作支撑。（St Mary's Cathedral; Cathedral Rd）

圣詹姆斯教堂 教堂

6 见168页地图，D5

圣詹姆斯教堂是贾夫纳最庄严豪华的教堂，这是一栋典型的意大利风格建筑。（St James'; Main St）

英国文化协会 文化中心

7 见168页地图，G3

于2014年开放，英国文化协会有一处图书馆，里面存有杂志，新闻报纸和英语文学，还会举办艺术展览等文化活动。

(British Council; www.britishcouncil.lk; 70 Racca Rd; ⌚周三至周日 9:00~17:00)

就餐

Mangos
南印度菜 $

8 见168页地图，G1

开放式的厨房，室外的用餐区域，Mangos在当地泰米尔家庭中很受欢迎。南印度菜有多达20多种dosas，各有特色，美味的parotta和idiyappam也特别爽口。Thali（Rs200）是午餐最好的选择。餐厅位于市中心东北行约2公里的纳鲁尔区。(☎222 8294; Nallalaxmy Ave, 359 Temple Rd; 餐 Rs200~240; ⌚10:30~22:00)

Malayan Cafe
斯里兰卡菜 $

9 见168页地图，B2

位于市场里的口味地道的老式餐厅，有着大理石台面的餐桌，木头制成的长橱柜，转个不停的风扇，黄绿色灯光下，墙壁照片上的宗教人士好似盯着食客。午饭有dosas、米饭和咖喱，以及其他小吃。这里既便宜又美味的素菜是盛在香蕉叶子里的，你得拿手抓着吃。(36~38 Grand Bazaar; 餐 Rs120~220; ⌚6:30~21:00)

Rio Ice Cream
冰激凌 $

10 见168页地图，F1

想要吃到典型的贾夫纳甜品，到这家著名的冰激凌摊点去吧，就在纳鲁尔坎达司瓦姆神庙的后面。这家店是当地人的最爱。(448A Point Pedro Rd; 冰激凌和圣代 Rs60~250)

Cosy Restaurant
北印度菜 $$

11 见168页地图，D2

这里的一大特色是烤炉，每天18:00开始生火，烤出美味的印度薄饼面包（印度薄饼与一份饮料组合需花费Rs699）、tikkas和印度烤鸡。贾夫纳蟹也很不错，还有啤酒喝。(☎222 5899; 15 Sirampiyadi Ln, Stanley Rd; 餐 Rs240~700; ⌚11:00~23:00)

Green Grass
印度菜 $$

12 见168页地图，E3

这是一家花园餐厅，餐桌都摆在泳池边的芒果树下，是一个品尝泰米尔菜、印度菜（试试咖喱螃蟹）和中国菜的好地方，也是晚上可以喝啤酒的好去处。(33 Aseervatham Ln, Hospital Rd; 主菜

独家贴士

常见的南印度菜名

pittu：呈红色，米饭粉与椰肉混合后，在竹筒里蒸熟。

Idiyappam：蒸米粉。

Parotta：比较薄的大饼，可用来做炒饼。

Tikka：煎肉片或炸肉排。

Thali：一个餐盘上，配以4~6种味道的酱汁或配菜，佐以米饭或饼食用。

了解当地

扇叶树头榈

扇叶树头榈（Palmyra）有着高高的树干和像扇子一样的树叶。它是斯里兰卡北部的象征，也是这一地区最常见的植物。在斯里兰卡，据估计有1100万株扇叶树头榈，90%都在贾夫纳、马纳尔和基利诺奇三个省。

作为泰米尔文化的重要组成部分，扇叶树头榈有很多用处：树干可做建材；树叶可做篱笆、屋顶，或者通过编织来做手工艺品；纤维可做绳子；树液可做饮料。只需要发酵几个小时，扇叶树头榈的汁液就变成了一种甜酒，芳香宜人。鲜嫩的树根含钙量高，可以当作一种小吃，也可以碾成粉做一种叫作khool的粥。北部的市场上你能见到很多大块儿的粗糖（金黄色的美味的棕榈粗糖），是由未经发酵的扇叶树头榈汁液做成。因而在中国，扇叶树头榈被称为糖棕树。

Rs 300~500；⏲10:00~22:00）

Jaffna Heritage Hotel

印度菜、西餐 $$

13 见168页地图，G2

对于很讲究用餐氛围的旅行者来说，贾夫纳历史酒店是绝佳的选择。这里提供很棒的（只有蔬菜）印度菜和斯里兰卡菜，有非常好吃的椰子炒饼以及精致的五香咖喱食品，也提供健康且昂贵的西式早餐（Rs900），包括热带水果、燕麦粥、吐司面包、茶或咖啡（但没有鸡蛋）。（Temple Rd；餐 Rs600~1200）

饮品

Morgans

酒吧

14 见168页地图，G1

这里是目前为止贾夫纳地区喝啤酒的最好去处，这家没有招牌但是个性十足的花园酒吧吸引了很多旅行者、当地居民和NGO组织工作人员。啤酒是冰镇的，Wi-Fi网速很快。（103 Temple Rd；⏲18:00~22:00）

Rosarian Convent

葡萄酒

15 见168页地图，H5

这里酿造的玫瑰“葡萄酒”（每瓶Rs300）有点甜，里面还有肉桂和丁香的味道。还有颜色美妙的葡萄“汁”（Rs180）。此外，还供应一种无酒精的、具有水果香味的浓缩饮料“nelli crush”（Rs180）。（Thoma Monastery；48 Colombuthurai Rd；⏲周一至周六 8:30~13:00，14:00~17:30）

购物

贾夫纳市场

市场

16 见168页地图，B3

贾夫纳汽车站的西边就是镇上的水

果和蔬菜市场，市场里可谓五颜六色。但是更好的市场区域就集中在周边的几条街中。这里的海鲜和海盐都很便宜。在市场里，香蕉摊旁边的Mr M Chandresakaran's stall售卖传统的贾夫纳雪茄。(Jaffna Market; Hospital Rd)

Ms Ruby Sorupan

服装

17 见168页地图，E1

Ruby Sorupan女士是一位友好而手巧的裁缝，她会给你做一件salwar kurta（像裙子一样的短上衣和裤子套装），或是choli（纱丽裙），开价大约是Rs200。只有她老公Sorupan先生会说英语，所以看准他在的时候再去光顾小店。(☎320 5358; 89 Point Pedro Rd; ⏲10:00~17:00)

Anna Coffee

咖啡

18 见168页地图，B3

市场区那些古香古色的商铺里售卖斯里兰卡咖啡（每公斤Rs750）和茶（每公斤Rs380起）。(No 4, Modern Market; ⏲周一至周六 8:30~18:00)

贾夫纳岛屿

景点

卡莱提吾岛(Karaitivu)

岛屿

卡莱提吾岛长长的乔木沙滩(Casuarina Beach; 1 见170页地图，C1)是游泳的好去处，许多贾夫纳人都来这里度周末。海边有小吃店可以炒三两小菜。从贾夫纳到岛上Karainagar的公交车每30分钟1班，到达后可乘三轮车前往海滩。从贾夫纳半岛进入堤道前，往右能透过棕榈树看到门塔（gopuram）高高耸立在Ponnalai Vishnu Kovil(2 见170页地图，C1)神庙内。在堤道上能看到渔民下网捕虾的情景。岛的南端是海军管辖区，有轮渡(Kayts ferry; 3 见170页地图，C2)前往纳奈岛凯兹。(免费；每半小时1班，末班

了解当地

安全游览贾夫纳

外国人前往斯里兰卡北部贾夫纳及周边乡镇，也许会遇到军方的定点盘查或封路的情况，还有7大高级安全区，包括在贾夫纳机场，出入都是有严格管制的。当地骚扰、拘留和偶尔的失踪事件时有发生，民众冲突的根本原因远远没有得到解决。一定要留心地区新闻和政治变故。

尽管非政府组织在清理雷区方面取得了重大进步，但仍有很多待处理的未爆炸弹。所以尽可能地只在公路和很多人走过的路上走。不要在荒滩野径上逗留。

当地居民可能不愿谈论政治和战争，说话的时候要试探着并有一定警觉性。不要给士兵拍照，也不要在军事哨所或战略要地，如港口和桥梁等地拍照。

你可以登录www.defence.lk和www.tamilnet.com获取两种截然不同的看法和信息。

17:30；10分钟）。

韦勒奈岛（Velanai） 岛屿

韦勒奈岛也叫作Leiden，是个美丽却人口稀少的地方。如果从卡莱提吾岛过来，轮渡会把你放在凯兹（Kayts）。数百年来，一批批大象就是从这个港口运往印度的。今天的凯兹面积很小，防波堤附近的三个殖民时期教堂值得一看，包括圣詹姆斯教堂（St James'）、圣约瑟夫教堂（St Joseph's）和圣玛丽教堂（St Mary's）。圣玛丽教堂后面，第一条沥青小巷向右走600米就到了一片平静的**水岸墓地**（cemetery，4 见170页地图，B2），在那儿能看到近海的汗门海尔城堡。距凯兹不远的Karampan，可以坐海军经营的轮渡前往Analaitivu岛和Eluvaitivu岛。若从贾夫纳走堤道上岛，约10公里有一处**Chatty Beach**（5 见170页地图，D3），这里可以游泳，还有更衣室、野餐凉亭和小吃摊。

> **独家贴士**
>
> **住在海上城堡**
>
> 在卡莱提吾岛南部，防波堤以西1公里的海军管区内（出示你的护照才能入内），有一家**Fort Hammenhiel餐厅**（餐 Rs400~800），这里不但提供以海鲜为主的精美食物和丰富的酒水，还能看到很美的落日景色。在不远处的袖珍小岛上，是17世纪荷兰人留下来的**汗门海尔城堡**（Fort Hammenhiel），现已改造成奢华的酒店（☎381 8216；forthammenhielresort.lk；房间 US$110；❄ 📶），由海军经营。酒店只有4个房间，只向住客开放，三餐可以从餐厅订。在这儿住一晚定会为你的斯里兰卡之行增添独特的感受。

蓬库杜提吾岛（Punkudutivu） 岛屿

6 见170页地图，B4

一条狭长的堤道将韦勒奈岛和蓬库杜提吾岛相连，你会看到渔民驾着帆船在咸水湖中捕鱼。蓬库杜提吾村是2005年11月小规模暴动的发生地，这里拥有贾夫纳最让人惊叹的印度教寺庙，但许多旧楼房已经不同程度地在衰败。另一条堤道将蓬库杜提吾岛和Kurikadduwan（KKD）的轮渡站相连，你可以在那儿坐船去内纳奈岛和顿提吾岛。

纳奈岛（Nainativu） 岛屿

纳奈岛是泰米尔语的叫法，僧伽罗语称为纳加迪帕（Nagadipa）。这个棕榈树遍布的菱形小岛同时是佛教徒和印度教徒的圣地。从轮渡下来，面前便是娜迦普闪阿曼神庙（Naga Pooshani Amman Kovil；7 见170页地图，A3）。这是一座印度教寺庙，周围种满了印度楝。寺庙的主神是女神Meenakshi——湿婆的配偶，想要怀孕的女人会来这里求神灵保佑。每年6月和7月这儿都会举行盛大的节日庆典。

沿着海岸公路往南走10分钟，纳加迪帕寺（Nagadipa Temple；8 见170页地图，A3）是北部地区唯一的佛教朝圣点。传说佛祖曾经来到岛上，来阻止naga国王和他

了解当地

跳岛游

贾夫纳半岛周边成片的小岛有着得天独厚的热带景色。这里的海很浅(很多地方只有一米左右),阳光透过海水从海床反射回来,产生亦真亦幻的效果。战争在这些岛屿上遗留了许多废墟,多少弥漫着荒芜苍凉的感觉。岛上几乎没有像样的餐厅,最好备些干粮。

堤道和渡轮把各个小岛联系起来,你可以选择任意几个进行一日游。比如,从贾夫纳经韦勒奈岛到蓬库杜提吾岛,再坐轮渡去看纳奈岛上的神庙;或走韦勒奈岛和卡莱提吾岛的环线;还可以去那个遥远的,风光旖旎的内顿提吾岛远足。如果想在海滩游泳,最好穿着保守一些的泳装。

贾夫纳的CTB汽车站有公交车前往各小岛。但最好的方式还是骑自行车、踏板摩托车或包车。路上风景优美,车不多且时间自由。踏板摩托Rs1500/天(不包括加油费);包车Rs6000/天。大多数的旅馆和宾馆都代办租车业务。

侄子为争夺一座镶满宝石的王座而爆发的战争。佛祖的解决方案就是:捐给寺庙。宝座和从前的那座寺庙已经消失很久了,然而今天这儿又建起了一座银色的舍利塔。其后圆顶的寺庙里放着三尊笑盈盈的菩萨。

岛上的印度教徒和佛教徒都庆祝波耶日(Poya,月圆日),届时岛上人会非常多。海军经营的轮渡(Rs50;6:30到17:30,每15分钟1班;20分钟)从蓬库杜提吾岛上的KKD开出。

内顿提吾岛(Neduntivu) 岛屿

9 见170页地图,A4

内顿提吾岛也叫代尔夫特(Delft),位于蓬库杜提吾岛西南海域10公里处。岛上有丰富的植被,由大块的珊瑚修建的矮墙把田地隔成成百上千的小块。离轮渡码头不远还有一座几近废墟的荷兰城堡(Dutch fort)。**Manal Kanuttadi**是距离码头1公里的一片美丽沙滩,如果要宿营需要获得海军的许可。在码头边有个小商店,卖水和小吃,也有三轮车/出租车(3小时Rs1500/3000)在码头等客。

斯里兰卡海军管理的渡轮(免费;1小时)每天9:00从蓬库杜提吾岛的KKD出发到这里,14:30返航。要想有个座位要至少提前30分钟到。每天早上6:40有汽车从贾夫纳前往KKD码头,乘这班车才能保证坐上轮渡。

更多精彩

除了中部和南部那些热门的、发展成熟的目的地，斯里兰卡西海岸和东海岸的旅游业也正在兴起。在大批的旅行者涌入之前，你还有机会享受一些原汁原味的风景和风情。

拜蒂克洛的海岸（188页）
视觉中国 提供

更多精彩

尼甘布（Negombo）

尼甘布几乎是所有来斯里兰卡旅行者的必经之地，它距离班达拉奈克国际机场（Bandaranaike International Airport）只有5公里。这里有不少低调但有水准的酒店和餐馆，可以满足各类旅行者的需要。这个沙滩小镇略显破旧却依然迷人，随处可见教堂的尖顶以及还过得去（尽管有些污染）的沙滩。不过再向北走，你就会进入一个相对原始而少人问津的区域，只有椰子林以及在阳光下波光粼粼的环礁湖，潟湖里有海豚嬉戏。

到达和离开

飞机 开往班达拉奈克国际机场的公交240/3路（Rs25；40分钟；6:00~18:30）30分钟1班。

公共汽车 往返科伦坡的班车（Rs57/100；1小时）每20分钟1班，去康提的车也很频繁。

火车 去往科伦坡的火车较慢（Rs70/40；2小时），车次也比较少。

景点和活动

荷兰要塞(Dutch Fort) 遗迹

1 见180页地图

离咸水湖不远处的海岸边有荷兰时期的要塞遗址，其中有一个从1678年保留至今的大门。这儿还有一片叫Esplanade的绿地，这里举行的板球比赛在这个区域非常有吸引力。由于要塞区的土地目前属于尼甘布的监狱，所以你要想近距离参观这些古老建筑就不大可能了。要塞外也有几座古老的荷兰时期的建筑现在仍在使用，如Lagoon Resthouse(Custom House Rd)。

鱼市(Fish Market) 市场

2 见180页地图

即使沙滩上和鱼市上的鱼类交易现场有些脏乱难闻，但还是值得逛上一逛。渔民带回来的东西并不都来自大海：尼甘布南边咸水湖里的龙虾、螃蟹和对虾都很有名。跨越咸水湖的大桥对面是另一个鱼市(3 见180页地图)。如果你愿意早上6点就从床上爬起来，可以去桥那边的鱼市看看。渔船回到港湾的情景，是一幅很美的画面。

海滩 海滩

4 见180页地图

这片海滩从小镇上沿着岸边酒店一路向北延伸，直至消失于棕榈树林之中。遗憾的是，由于河口溢流和污染，这里的水呈明显的褐色，但是人们仍旧可以在这里游泳。沙滩经过重新整修清理，比以前改善了许多。建议你跟着当地人到尼甘布海滩公园(Negombo Beach Park)转转，那里更为丰富有趣也更喧闹。

宗教建筑(Religious Buildings) 建筑

尼甘布的教堂星罗棋布，当地人普遍皈依天主教，因此这座镇子有时被称作"小罗马(Little Rome)"。镇子中心的圣玛丽教堂(St Mary's Church; 5 见180页地图)有着略显褪色的粉红祈祷屋，中殿的天花板上有令人肃然起敬的壁画。镇子东边的Angurukaramulla Temple(Temple Rd; 6 见180页地图)寺庙有一尊6米长的卧佛，也值得一看。而与尼甘布通过咸水湖桥相连的杜瓦岛(Duwa)以复活节的耶稣受难剧而闻名。

哈密尔顿运河(Hamilton Canals) 运河

7 见180页地图

比起斯里兰卡的其他地方，荷兰人在这儿更加展现了他们对于运河的热爱。运河从尼甘布开始，往南到科伦坡，向北到普塔勒姆，总长超过了120公里。你可以在尼甘布的酒店里租借一辆自行车，在运河堤坝上的小路骑行，一路上欣赏周围的美景。

Colombo Divers 潜水

8 见180页地图

尼甘布周围水域潜水环境的优越程度，要远超人们所想。这个设在Jetwing Blue酒店内部的潜水中介，能带你去40

多个不同的潜水点看鱼。他们开设体验潜水的收费标准是100美元，而专业潜水教练协会（PADI）开设的全套开放水域课程收费是450美元。（☎077 736 7776；www.colombodivers.com；Jetwing Blue，Ethukala）

尼甘布风筝冲浪中心 极限运动

9 见180页地图

你想如同飞鱼般飞快地掠过水面吗？位于Pearl guesthouse的尼甘布风筝冲浪中心提供不错的课程和设备，还有富有经验的冲浪教练员。为期3天的课程费用为340美元，一小时的课程收费49美元。（Kite Centre Negombo；☎492 7744；The Pearl，13 Porutota Rd）

Lucky Tours 观鸟

10 见180页地图

这里专门组织尼甘布地区的观鸟之旅，包括去姆斯拉珈维拉沼泽半日游的旅行路线（每人Rs5000，双人Rs7000，

了解当地

正在兴起的卡尔皮蒂耶

位于尼甘布北部约80公里处的海边小城卡尔皮蒂耶（Kalpitiya），是西海岸最棒的水上运动中心之一。这里曾是穷乡僻壤，直到最近才开始有一些游客到访。当地政府也在计划着力发展旅游业，导致这里住宿费用普遍偏高。这里去尼甘布的车次很多（Rs180），也有频繁的班车往返两大主要海滩（Alankuda海滩和卡尔皮蒂耶海滩）之间（Rs50）。

观赏海豚和鲸鱼

在11月到次年3月期间的大部分早晨，乘船出游能观看到成群结队的上百只海豚在水中旋转跳跃。每个酒店都能组织乘船出海，但是你要弄清楚你们的船长是否足够了解海豚。每人40美元起。在10月至次年5月的季节里，有80%的概率能见到海豚（或者是鲸鱼）。

浮潜和潜水

这里壮观的近岸珊瑚礁周围活跃着很多大鱼。最棒的潜水点是触礁酒吧，坐落于半岛西北角几海里外的地方，据说这里是斯里兰卡最棒的深潜和浮潜点之一。大多数酒店能组织潜水游和浮潜游，起价在100美元左右。

风筝冲浪

卡尔皮蒂耶海滩凭借良好的风筝冲浪条件迅速获得了不错的声誉。各酒店还设有冲浪学校和租赁冲浪板的地方，也有专门的风筝冲浪营。

营交通工具费用）。（☎223 3733; lucky-tour55@hotmail.com; 146 Lewis Pl）

就餐

Lords

创意菜 $$$

11 见180页地图

目前为止，能在尼甘布体验到的最有创意的菜肴是结合东西方风味做出来的。店主马丁是一个英国人，他经营的这家餐厅可谓是一半餐厅，一半画廊。（☎227 5655; www.lordsrestaurant.net; 80B Porutota Rd; 菜肴 Rs850～1400; ⏲11:30～14:30和18:00～22:00）

Petit Restaurant

斯里兰卡菜、海鲜 $$

12 见180页地图

这家规模适中的小型家庭餐馆门口摆满了盆栽和鲜花。菜单上没有常见的斯里兰卡传统菜肴，但是海鲜却很丰富。餐馆也提供一些不常见的菜品，如prawn fiesta（其实就是用对虾和椰子片做的）。这里顾客盈门，最好提前预订座位。（☎077 628 7682; 100/7 A Palangat-huraya; 主菜 约Rs750; ⏲11:00～22:00）

Tusker Restaurant

海鲜 $$

13 见180页地图

这是镇子上吃饭的好去处之一。虽然菜单上天上飞的、地上跑的应有尽有，但这家餐厅的招牌菜是海鲜。另值得一提的是，经营这家餐馆的一对夫妻非常热情好客。（☎222 6999; 83 Ethukala Rd; 主菜Rs700～1000; ⏲周日至周五 17:00～23:00, 周六 14:00～23:00）

Dolce Vita

意大利菜 $$

14 见180页地图

这家意大利人经营的海滨咖啡厅，是可以无所事事地消磨完半天时间的地方，你可以坐在凉风习习的树荫下，喝着纯正的咖啡和果汁，然后狼吞虎咽正宗的比萨和意大利面（还有一些当地的吃食）。（☎227 4968; 27 Porutota Rd; 主菜 约Rs650; ⏲周二至周日 9:00～22:00）

饮品

Rodeo Pub

小酒馆

15 见180页地图

满是涂鸦艺术的酒吧被外籍人士和游客充满。周二晚上有现场音乐演出，之后的时间交由现场DJ们来掌控，酒吧还提供一长串名称十分性感的鸡尾酒。在这里，你也可以享用到许多传统的西餐和斯里兰卡当地的菜肴。（☎227 4713; 35 Porutota Rd; ⏲10:00至午夜前后）

Ice Bear Century Cafe

咖啡馆

16 见180页地图

这栋桃粉色的殖民时期建筑，坐落在尼甘布的镇中心，却安静而雅致。这里提供斯里兰卡本地酿造的酒类及手工制作的糕点。午餐包括泰式汤面和匈牙利红烩牛肉等。（☎223 8097; 25 Main St; ⏲9:00～18:00）

更多精彩
亭可马里（Trincomalee）

几个世纪以来，拥有天然深水港口的亭可马里都是战略要地。信仰和语言不同的僧伽罗人、泰米尔人和穆斯林在此聚居，也长期处于冲突之中。如今这个饱受战乱的小镇正在复苏，除了古老的港口和宗教圣地，它还拥有着原汁原味的自然风光。

在亭可马里附近的乌布维里（Uppuveli）和尼勒韦利（Nilaveli），有着更加清澈的海水和原始的沙滩，鸽子岛海洋公园不仅是斯里兰卡最引人注目的潜水胜地之一，也是海豚和鲸鱼的集结地。

到达和离开

飞机 亭可马里有往返科伦坡和贾夫纳的航线。

长途汽车 有班车直达阿努拉德普勒、科伦坡、贾夫纳、康提和波隆纳鲁沃等地。

火车 每天有两班火车往返亭可马里和科伦坡（二等卧铺Rs450；8.5小时）。

景点和活动

弗雷德里克要塞

要塞

1 见184页地图

弗雷德里克要塞雄踞狭长半岛的咽喉要道，战略位置极为重要。它最初由葡萄牙人在1623年修建，之后被荷兰人重建。1782年，英国人占领了这里，你可以试着从要塞入口的门洞上找到英国皇家的标志。现在的要塞由斯里兰卡军方管控，但大部分地方都可参观。要塞中保存着炮台和火炮，还有几头圈养的梅花鹿。从离入口处不远的Gokana寺庙（2 见184页地图）远眺，亭可马里及其海岸线一览无余。（Fort Frederick Area；Konesar Rd；免费）

坎达萨米寺

印度教寺庙

3 见184页地图

这座庄严的寺庙位于要塞尽头一块外伸的岩石上，是一座专门祭拜湿婆的寺庙（Pancha Ishwaram）。这个地方作为朝圣之地至少已有两千年之久。寺庙里放有一尊林迦（印度男性生殖器的符号），礼拜仪式（puja）一般在6:30、11:30和16:30举行，参与者众多。寺庙的一侧是个130米高的悬崖，又名**尊者石**（Swami Rock）。（Kandasamy Kovil；Kandasamy Kovil Rd；4 见184页地图）

圣玛丽大教堂

教堂

5 见184页地图

城市教堂中，1852年建成的天主教堂圣玛丽大教堂尤为惹人注目。教堂正面为天蓝色的新巴洛克风格，背面瓦顶高耸。（St Mary's Cathedral；St Mary's St）

玛那亚维利小海湾

（Manayaweli Cove）

海滩

6 见184页地图

亭可马里最著名的海滩在乌布维里和尼勒韦利附近。不过风景如画的荷兰湾（Dutch Bay）也不逊色，只是水下乱流较多，比较适合散步。玛那亚维利小海湾适合游泳或钓鱼。内港（Inner Harbour）和后湾（Back Bay）污染太严重，不适合游泳。

英联邦战争公墓

墓地

7 见184页地图

你可以从海滩漫步到这个维护得很好的墓地看看。数百名“二战”时期的反法西斯战士长眠于此。1942年，日本人偷

独家贴士

观鲸塔

亭可马里东部延伸向海洋的尊者石，被海洋学家们称为世界上最适宜观看蓝鲸的地方。蓝鲸常年出现在亭可马里海域，最适宜观看的时间是每年的2月到11月。抹香鲸也会经常出现。因此当你来到坎达萨米寺，一定要抽些时间在浩渺的蓝色中去欣赏鲸鱼喷水。如果方便，可以带望远镜。

了解当地

尼勒韦利以北

尼勒韦利以北，美丽的滨海公路B424沿着海岸线修建，一侧是海，另一侧是内陆潟湖。这条路上公共交通工具非常有限，骑着摩托车或自行车（路很平坦）出行会非常棒。

起初的6公里毫无特色，穿过Kumpurupiddi的河口地区后，公路与沙滩距离近了起来，之后环绕大型浅潟湖一路西去。堤防河道系统把海水抽到盐田里，旱季到来以后，盐就可以收获了。盐田周边的一排排的房子，是印度的慈善机构为那些遭受海啸和内战苦难的人们提供的。

继续北去，在公路路标34公里处，你会发现迷人的考古学遗址Kuchchaveli在海边的一块岩石上。从舍利塔望去，蓝绿色的海洋绵延开来，南北两侧是洁白的沙滩。有三两个军官驻扎在此，他们很友好。

路标40公里处，公路穿越另外一个河口，多彩的渔船点缀着绵长的海岸沙滩。之后会穿越一片茂密的红树林，到达军事检查点。花不了很长时间就可以到达普勒莫代（Pulmoddai）。它处在54公里路标的地方，是重要的鸟类栖息地。Asam Hotel（餐Rs150~250）是食用午餐的最佳场所，提供咖喱饭和饮料。

有公共汽车（Rs75，每天6班，1.5小时）直达普勒莫代和亭可马里，途径尼勒韦利和乌布维里。也有公共汽车（Rs88，每天3班，2小时）开往穆莱蒂武（Mullaitivu），是一条通往北部的迷人路线。

袭了这里的十几艘军舰，这些士兵多是在这次袭击中牺牲的。公墓的守护者会带你到处转转，如某个特定战士的墓地，抑或某个特定国家的墓群。（Commonwealth War Cemetery；Nilaveli Rd，乌布维里）

Sri Lanka Diving Tours

潜水、水上运动

8 见184页地图

专业潜水教练协会（PADI）举办开放水域潜水，含全套装备的2潜只需US$70。地点一般设在鸽子岛、亭可马里的尊者石和Irakkandy的沉船残骸附近。浮潜之旅也很棒。条件具备的时候，你也可以在这里滑水。水上运动所需装备都可以租到。季节适当的时候（6月至9月）观看鲸鱼（40美元/人）和观看海豚（30美元/人）也很受欢迎。（☎077 068 6860；www.srilanka-divingtours.com；Aqua Inn Hotel，12 Alles Gardens，乌布维里）

鸽子岛国家公园

潜水、浮潜

9 见184页地图

距海岸线1公里远的鸽子岛被水晶般的海水包围着，白色海滩如粉末般绵软，岩石小径间密布着灌木丛。但海底的风景才真正诱人，这里的珊瑚礁很浅，浮潜几乎就能享受深潜能看到的一切。鸽子岛附近有几十种珊瑚、上百种岩礁鱼类（包括黑鳍礁鲨），还有海龟。

鸽子岛国家公园售票处位于Anilana酒店前面的沙滩上。与斯里兰卡各类国家公园一样，费用名目繁多，总数很大。这还不包括租船和租借浮潜装备的费用。潜水商店，包括Poseidon Diving School和Sri Lankan Diving Tours在内，和许多酒店一样，都提供通往鸽子岛的旅行服务。（Pigeon Island National Park；尼勒韦利；成人/儿童 10/5美元，乘船费用 Rs125，服务费与税费另计；⏲7:00~17:30）

Poseidon Diving School 潜水

10 见184页地图

该校管理完善，提供鸽子岛潜水旅行等各种活动，包括专业潜水教练协会（PADI）的开放水域认证课程（€300）、趣味潜水和浮潜。乘船观鲸（蓝鲸和抹香鲸）也可以实现。（☎077 706 9442；www.divingsrilanka.com；乌布维里）

就餐

Anna Pooram Vegetarian Restaurant 素食、南印度菜 $

11 见184页地图

这家熙攘的素食店擅长烹制泰米尔菜。午餐时间总是人满为患。sambar（扁豆汤加蔬菜）、咖喱饭是最有名气的。小店有几张桌子供客人使用，但是人们都喜欢打包。（415 Dockyard Rd；小吃 Rs15~80，咖喱饭 Rs120~150）

New Parrot Restaurant 斯里兰卡菜 $

12 见184页地图

走上楼梯，来到这个小餐厅，你可以吃到可口的的面条、米饭、kotthu、汤和辣味菜肴。也可尝试下别具风味的鸡肉炒饭或者煎蛋卷。（96 Main St；主菜 Rs100~400；⏲周日不供应晚餐）

Dutch Bank Cafe 咖啡馆、各国风味 $$

13 见184页地图

这是一家设计独特、带空调的新餐馆。无论是意大利面食、三明治、面条，还是斯里兰卡 特色菜，应有尽有。浓咖啡和卡布奇诺（Rs300），鲜美的果汁和奶昔，也一应俱全。它面朝内港地区。（88 Inner Harbour Rd；餐 Rs400~800）

Crab 各国风味 $$$

14 见184页地图

餐厅环境优雅，非常适合吹着海风浪漫地享用餐点。这里菜品丰富，价格公道，无论是印度尼西亚的辛味烤肉米饭，还是多汁美味的海鲜都能让你大饱口福，螃蟹咖喱饭更是妙不可言。喜欢甜点，就尝尝美味的草莓芝士蛋糕。（Chaaya Blu，乌布维里；餐 Rs1000~2500；⏲正午至23:00）

更多精彩
拜蒂克洛（Batticaloa）

东海岸的拜蒂克洛［简称拜蒂(Batti)］被潟湖围绕，阳光透过棕榈叶洒在水面上，显得十分安逸。市中心的三个区域分别被湖水隔开，其中最有意境的地方是Puliyan-thivu岛，这里有堡垒，和几处殖民地时期留下的教堂及车站。湖的西北部是新城，往东过了桥是郁郁葱葱的卡拉狄，这里有中档的宾馆和松软沙滩。

到达和离开

飞机 斯里兰卡航空公司每周有4班往返拜蒂克洛和科伦坡的航班。

长途汽车 CTB汽车站，私人汽车站和小巴站都在Munai St，有去往科伦坡、亭可马里、波隆纳鲁沃和康提等地的车。

火车 每天有2班火车前往科伦坡（二等座Rs500；7:15，20:15；8.5小时）。

景点和活动

荷兰要塞 要塞

1 见188页地图

这座堡垒是1628年葡萄牙人建造的，然后又先后被荷兰人和英国人占领，现在成了行政办事处的所在地。由于入口被管控，很有可能会由警察或士兵陪你参观。绕6米厚的防御墙走一圈，他们会指给你看英国大炮、幸存的瞭望塔和钟楼，还有潟湖对岸的优美风光。要塞中有一座小型博物馆，博物馆里有些颇具吸引力的展品，还有曾经的牢房（现在是个商店）。湖对面的奥里亚清真寺（Auliya Mosque, Lady Manning Dr）旁边，也是远眺要塞的好位置。（Dutch Fort; Bazaar St, Puliyanthivu; 免费; ⏲8:30~16:15）

Thiruchendur Murugan Alayam Temple 印度教寺庙

2 见188页地图

这座寺庙是在1984年，作为Pada Yatra朝觐者去卡塔拉加玛圣道上的歇脚点而建的。据说寺庙里的穆鲁甘画像，在画师点睛之前就自己睁开了眼睛。这座建筑在海啸中毁坏严重，门塔（gopuram）已经倾斜得十分厉害。色彩斑斓的斜塔离海滩不远，位于卡拉狄Third Cross St和Fourth Cross St的中间。（Navalady Rd, Kallady）

卡拉狄和纳瓦拉蒂半岛（Kallady & Navalady Peninsula） 海滩

3 见188页地图

卡拉狄区和纳瓦拉蒂区就坐落在这个长长的由海滩环绕的半岛上。卡拉狄有可爱的，近乎被废弃的沙滩，非常适合游泳，沙滩上有很多海啸破坏的痕迹，树荫比较少。

圣玛丽大教堂 教堂

4 见188页地图

宏伟的绿宝石色的圣玛丽大教堂是拜蒂克洛最夺目的教堂之一。圣玛丽教堂在1994年重修了，因为当时教堂的部分建筑在泰米尔人和穆斯林之间的冲突中遭到了破坏。（St Mary's Cathedral; St Mary's St, Puliyanthivu）

Anipandi Sitivigniswara Alayar 印度教寺庙

5 见188页地图

在众多印度教寺庙中，Anipandi Sitivigniswara Alayar显然是最好的一座，那儿有壮观的门塔（gopuram），上面装饰着诸神聚集在一起的欢乐场景。（Hospital Rd, Puliyanthivu）

拜蒂克洛市场 市场

6 见188页地图

市场的氛围闲散，位于安静的郊区。你可以在这里买点热带水果或手工

艺品，如用椰子皮做的汤勺和棕榈粗糖。（Batticaloa Market；Lloyds Ave）

圣安东尼教堂

教堂

7 见188页地图

圣安东尼教堂有点墨西哥式建筑风格，呈浓棕色的暖色调，是Puliyanthivu最夺目的教堂之一。（St Anthony's；St Anthony's St，Puliyanthivu）

Sri Lanka Diving Tours

潜水

8 见188页地图

拜蒂克洛是进行沉船潜水的好地方：这里沉没着在1942年被日本炸弹击沉的英国航母竞技神号（HMS Hermes）。沉船潜水需要持技术深潜潜水员证才能参加。你可以在这里上一个为期5天的考证课程。这里也有一些岩石潜水点，可供普通的潜水者活动。两次潜水要花70美元；技术潜水要花120美元。潜水学校也在这里经营一家宾馆，但房价贵得吓人。（☎077 061 5205，031-371 7451；www.srilanka-divingtours.com；Navalady；⏰3月至9月）

就餐

Sun Shine Fast

斯里兰卡菜 $

9 见188页地图

Sun Shine名声在外，这个现代、

了解当地

拜蒂克洛周边的海滩

拜蒂克洛以北34公里处，海滩一个接一个，以你能想象的最整齐的方式并排呈现。

在狭窄半岛的一侧，美得让人窒息的镰刀形白色海滩帕斯库达海滩（Passekudah Beach）被开发得有点像迷你的坎昆（Cancun，墨西哥旅游胜地）。它是政府运营的“特别经济区”，渔船和渔民被勒令离开，取而代之的是十多家豪华酒店。但随着高楼大厦陆续从灌木丛中拔地而起，在接下来的几年中，这里会像建筑工地，一片杂乱。帕斯库达极浅的水在晴朗的日子能达到可以热水澡的温度（如果想游泳，你得往水里走一段距离）。这里也有不少当地游客，想避开人群可以继续往北走。

相反，几近荒弃卡尔库达海滩（Kalkudah Beach）距离海岬南端2公里远，这是一片绝佳的金色海滩，那儿几乎没有树荫，探索起来却颇有乐趣。这里一度开满酒店，但都在内战和2004年海啸时毁灭殆尽。这给老渔夫和他们的船留了条路。

海滨公路A15经过的Valaichchenai小镇是前往帕斯库达和卡尔库达的必经之路。你可以从拜蒂克洛搭长途汽车（Rs50，每20分钟1班，50分钟）到这里，再花Rs150乘三轮车到达上述海滩。这还有长途汽车（Rs152，每30分钟1班，3小时）去往亭可马里。

干净、热情的餐厅提供各式各样的炒饭（biriyanis）、咖喱（推荐咖喱羊肉）、肉饭（pilau rice），以及汉堡、蛋糕和小吃（萨莫萨三角饺需Rs25），还有果汁和拉西（印度传统酸奶）等饮品。（315 Trinco Rd；餐 Rs180~400）

RN Buffet & Take Away

斯里兰卡菜 $$

10 见188页地图

这是一对勤劳的夫妇开的店，店内客人络绎不绝，外卖窗口（素/荤餐 Rs120/200）也排着长队，深受公司职员的欢迎。自助餐中午开放（Rs600），有鱼、鸡和多种素食，也供应西式简餐（如通心粉）。提前预订还有意大利浓缩咖啡。（☎222 2684；42 Covington Rd；餐 Rs120~600；⏰7:30~18:00，自助午餐 11:00~15:30）

Riviera Resort

斯里兰卡菜 $$

11 见188页地图

在这用餐仿佛回到殖民时期，侍者会先为你提供一杯饮品（杜松子酒和汤力水）。他们在门厅就记下你点的菜，然后将你引至餐厅用餐。这里的食物值得你为之等待，在丰富的选择中，螃蟹咖喱（crab curries）和海鲜不容错过。（☎222 2165，222 2164；www.riviera-online.com；New Dutch Bar Rd，Kallady；餐 Rs350~800；⏰正午至15:00和17:00~22:00；📶）

Tomato Restaurant

西餐、斯里兰卡菜 $$

12 见188页地图

如果你耐不住热带的高温，有空调的Tomato Restaurant是个不错的选择。这家精致的餐厅供应西餐（通心粉、三明治、沙拉、海鲜和烤羊排），也有北印度泥炭火炉里烧制的特色菜（18:00后供应），包括馕饼（naan bread，印度烤饼）和烤肉（tikkas）。不供应酒类，但有很多不错的果汁。（136 Trinco Rd；餐 Rs300~600；⏰10:00~22:30；📶）

饮品

Café Chill

咖啡馆

13 见188页地图

这里是拜蒂克洛年轻人的聚会场所，距离潟湖很近。小巧的咖啡馆是半露天的，供应咖啡、茶、果汁和印度酸奶，也可以吃到薯条和萨摩萨三角饺等小吃。（9 Pioneer Rd；饮料和小吃 Rs50~200；⏰9:30~20:30）

更多精彩
黑可杜瓦（Hikkaduwa）

20世纪70年代，黑可杜瓦就成了斯里兰卡旅行地图上的重要一站。后来毫无节制和计划的开发破坏了环境，海边摇曳的棕榈树变成了一长串廉价旅馆和餐厅，曾经著名的沙滩也需要依靠沙袋运输来勉强维持一个小型沙滩的样子。车辆疯狂地穿过科伦坡到加勒的公路，整个城市嘈杂异常。

尽管听起来挺糟糕，但近年来情况开始变化。海滩的沙质有所好转，娱乐活动越来越丰富。

到达和离开

公共汽车 CTB长途汽车和私人小汽车走老路去往科伦坡（2~3小时）和加勒（30分钟）的车都很多。走高速公路能减少一半的时间。

火车 黑可杜瓦是“海岸线火车”上的一站。去往科伦坡和加勒的时间跟走老路的汽车相当。

景点和活动

黑可杜瓦国家公园 海洋公园

1 见192页地图

黑可杜瓦的海洋国家公园位于沙滩的北端，这里清澈的海水很容易就能看到海底生物。公园售票处周边很多店铺都能租到浮潜设备（Rs300~500/天），也可以租透明玻璃底部的游船（每半小时Rs1750），但乘船并非观赏珊瑚礁的理想途径。（Hikkaduwa National Park；成人/儿童Rs30/15；⏲7:00~18:00）

波塞冬潜水站 潜水

2 见192页地图

这里提供体验潜水和开放水域潜水员课程（花费265欧元）。也能组织持证潜水员的沉船潜水和夜潜。潜水季从11月开始，至次年4月结束。（Poseidon Diving Station；☎227 7294；www.divingsrilanka.com；Galle Rd）

甘珈拉马大庙（Gangarama Maha Vihara） 佛教寺庙

3 见192页地图

沿着Baddegama Rd往下走就能看到这座有趣的佛教寺庙，这里有许多有教育意义的画作，是一位大师用了近10年的时间创作的作品。这儿的僧人很乐意带你四处转转。

黑可杜瓦湖（Hikkaduwa Lake） 湖泊

4 见192页地图

黑可杜瓦湖有巨蜥和许多鸟类。岸边有人组织乘船游览的项目，可以随处打听获得详情。沿着Baddegama Rd就可来到这里。

海啸摄像博物馆 博物馆

5 见192页地图

这个位于Telwatta的博物馆，通过照片和报纸讲述了2004年印度洋海啸袭击黑可杜瓦（和整个斯里兰卡）的灾难性事件。尽管灯光照明与陈列布置都不太到位，但展品呈现的景象本身就会令你瞠目结舌。

了解当地

在黑可杜瓦冲浪

不太猛烈的海浪和活力四射的夜生活，使黑可杜瓦成为斯里兰卡最受欢迎的冲浪点之一。11月至次年4月间的冲浪环境最好。维瓦拉（Wewala）和纳里珈玛（Narigama）地区的沙滩有舒缓的暗礁浪和沙滩浪，很适合初级和中级的冲浪者。

大多数客栈出租的冲浪板收费为每小时Rs300~400，有好几个地方提供冲浪课程，但需仔细挑选。因为在一些冲浪学校，“老师”更在意于耍酷而非教学。

海啸摄像博物馆旁边矗立着一座纪念馆，纪念着斯里兰卡因海啸而殒命的约40,000人和生命历程因此而改变的数十万人。也正是在这里，海啸冲走了通勤列车，致使1200人失去生命，这场世界上有史以来最严重的火车灾难，却只是海啸发生那天众多惨案中的一例。博物馆接受捐赠，开放时间比较灵活。（Tsunami Photo Museum；913 900 884；Galle Rd，Telwatta；8:00~18:30）

就餐

Home Grown Rice & Curry Restaurant

斯里兰卡菜 $

6 见92页地图

这个小巧可爱的花园式露台餐厅位于安静（至少与主路相比而言）的街边，被棕榈树和花束遮盖了大半。经营它的主人和房间布置一样可人。提供的菜品很新鲜，还有自制的咖喱和物美价廉的海鲜。这里仅有6张左右的餐桌，并且饭菜非常受欢迎，所以必须早些来或者提前预订。（072 440 7858；140/A Wewala；主菜Rs350；10:00~21:00）

了解当地

面具背后的故事

来安博朗戈德（Anbalangoda）的唯一理由就是去发掘隐藏在斯里兰卡那无处不在的“魔鬼”面具背后的故事。传说真正的魔鬼舞能够将致人疾病的灵魂抽出。这种舞蹈现在仍然在一些内陆村庄非法进行着，你也可以在康提（112页方框）中看到类似的舞蹈表演。安博朗戈德在黑可杜瓦以北不到20公里，前往的火车和汽车都很多。

阿利亚帕拉面具古博物馆（Ariyapala Mask Museum；091 225 8373；www.masksariyapalasl.com；426 Main St；8:30~17:30）有英文的讲解和立体布景，供你深入了解斯里兰卡的面具和其中蕴含的深意。这里还售卖题为《安博朗戈德面具博物馆》（*AMM*）的小册子，如果你想要深入了解这个由舞蹈、传说和驱魔仪式组成的部落及其背后的心理学，可以买来一读。

阿利亚帕拉传统面具博物馆（Ariyapala Traditional Masks；091 493 3319；432 Galle Rd；8:30~17:30）是一座小型博物馆，商店销售十分吸引人的面具。

Bandu Wijesooriya Dance Academy舞蹈学院（091 225 8948；www.mask.lk；1楼，426 Main St）教授斯里兰卡南部的传统舞蹈，如Kolam（戴面具的舞剧）、Kandyan和Sabaragamu。正式的舞蹈课要历时一年，不过通常可以安排外国人进行课时更短的一对一课程。

Spaghetti & Co

意大利菜 $$

7 见192页地图

苍翠的花园包围了这个殖民时期风格的别墅，某种程度上阻挡了Galle Rd的嘈杂，也使人们在品尝超薄底意式比萨，和奶油味十足的手工意面时的幸福指数进一步提高。（Galle Rd；餐 Rs700~900；⏲6:00~23:00）

Cool Spot

海鲜 $$

8 见192页地图

这个家族经营的餐厅自1972年起就开始营业了。餐厅坐落在沙滩北端路边一栋年代久远的亮黄色旧楼里。你可以在阳台上仔细浏览写在黑板上的菜单，点上一些特色菜。比如，蒜香对虾，或者用料十足的海鲜拼盘。（327 Galle Rd；主菜 Rs250~800）

No 1 Roti Restaurant

斯里兰卡菜 $

9 见192页地图

这里售卖超过60种rotti（夹生面团制的薄饼），馅料从蒜味鸡肉到香蕉不等。还有新鲜的奶昔和拉西（lassis，一种印度酸奶）。（☎491 1540；373 Galle Rd；餐 Rs100~150）

饮品

Coffee Shop

咖啡馆

10 见192页地图

正宗的意式咖啡厅，包括可以帮你一

视觉中国提供

黑可杜瓦的面具制作者

解宿醉的意式浓缩咖啡。你可以在清晨去冲浪之前来这个咖啡厅，好好地振奋一下精神。（536 Galle Rd；⏲7:00~19:00）

Sam's Surfers

酒吧

11 见192页地图

这是一个慵懒的酒吧，里面摆有台球桌，还播放着最新的电影和重大体育比赛。它供应多种啤酒，与典型的斯里兰卡酒吧相去甚远。（Roger's Garage；403 Galle Rd）

生存指南

中部山区的茶农（114页）

视觉中国 提供

生存指南

出发前

何时去

科伦坡

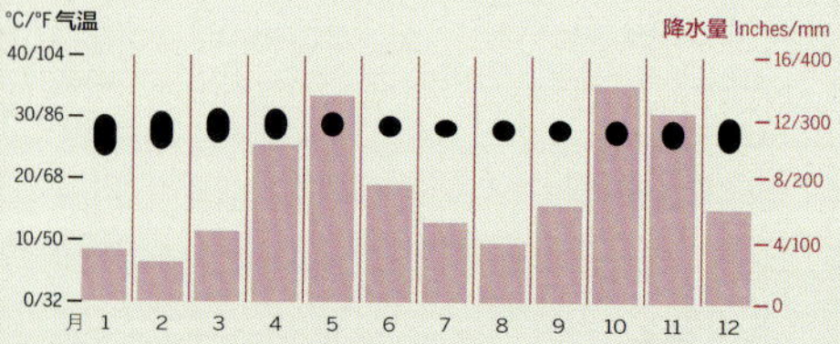

➡ 旺季（12月至次年3月）

山区以及西南海岸沿岸的沙滩是最繁忙的，那时气候也最干燥。酒店住宿紧张，价位也是最高的。但在摩诃季风季（Maha monsoon season，10月至次年1月）时，东部、北部以及古城区域比较潮湿。

➡ 平季（4月和9月至11月）

4月和9月通常是全国气候最好的时间。这是个闲逛的好时机，吃住行不太需要周密计划和提前预订。但4月中旬新年庆祝活动期间的交通状况堪忧。

➡ 淡季（5月至8月）

雅拉季风季（Yala monsoon season，5月至8月）时，南部和西部海岸以及山区雨量较大。

北部和东部的气候最好。从全国范围来看，这时吃住行玩的价格都处于最低点。

预订住宿

➡ 斯里兰卡的住宿以客栈和酒店为主。客栈在乡镇较为常见，多由家庭经营。酒店的客房面积大些，服务也更周到。在科伦坡、加勒、康提等大城市和西部、南部沿海地区，还能找到奢华的度假村、阿育吠陀温泉酒店和可供出租的别墅。

➡ 随着旅游业的蓬勃发展，旅馆房价持续猛增。无论在哪里住一定要讲价，不要担心，这是很正常的。在旅游旺季务必提前预订住宿，但如果已在网站预订，却被前台要求以柜台价格付款（抬高价格），立刻致电订房网站即可。

➡ 高档的住处都会提供可靠的有偿接送服务。但不少旅行者反映，只在订房网站备注或通过邮件预订普通酒店的接送服务，即使已获得确认也不太可靠（尤其是科伦坡）。最好能提前获取接车司机的电话，或与酒店确认大概的交通费用后自行前往。

➡ 酒店账单已包括10%的服务费。在高级酒店，你可以按以下标准支付小费：客房清洁工Rs100/天，行李搬运工Rs50/件。

实用网站

Lonely Planet（www.lonelyplanet.com）由我们的作者推荐和评价的酒店，可在线预订。

Booking（www.booking.com）好用的国际订房网站。房源丰富，无须提前付款，到店付费。

Villas in Sri Lanka（www.villasinsrilanka.com）斯里兰卡本地的高端订房网站，有多种类型的豪华别墅出租。

最佳经济型住宿

Clock Inn（www.clockinn.lk；科伦坡）这家经济型旅舍地理位置优越。多人间布置得干净利落，带有少许设计感；标准间则配有双人大床、有线电视和独立卫生间。旅舍在康提也设有分店。

Ella Flower Garden Resort（www.ellaresort.com；埃拉）朝小亚当峰的方向走，在路边你就能看到这个生机盎然的园艺天堂。院子里除了丰富的植物，还养着各种鹦鹉。客房宽敞，维护良好，称得上物有所值，经营客栈的主人非常健谈。

Lion Lodge（www.sigiriyalionlodge.com；锡吉里耶）店主会给顾客真诚的问候和关心，他们会提供茶和小吃。两栋楼房间都一尘不染，而且很宽敞。如果你需要空调则需额外付费。

Theresa Inn（calistusjoseph89@gmail.com；贾夫纳）地处绿树成荫又宁静的街道，有8个干净通风的房间。酒店主人十分热心，会提供可口饭菜，还可租赁自行车、摩托车或提供包车服务（Rs5000起）。

Hotel Weltevreden（piyasena88@yahoo.com；加勒）是座被列入文化遗产的荷兰式建筑。酒店有10间标准客房，墙上绘有亮丽的颜色，周围是非常可爱的花园。价格较低的房型配有公用卫生间和风扇。店主十分健谈。

Lonely Beach Resort（www.lonelybeachresort.com；坦加勒）有大量红砖砌成的海滨套间，并有漂亮的室外露台。尽管我们的星球并不孤独，但环礁湖附近沙滩的这个角落却分外冷清。咖啡厅景色迷人，你可以坐在棕榈树间的吊床上沉思冥想。

最佳舒适型住宿

Lake Lodge（www.taruhotels.com；科伦坡）有13间配置齐全、极简主义设计的客房。楼顶露台能看到南贝拉湖，适合吃早餐或晚上喝点儿东西。你可以很方便地从这里步行前往科伦坡其他景点。

Hotel Glendower（www.hotelglendower.com；努沃勒埃利耶）镇上所有中档酒店里性价比最高的之一。这座殖民时期建筑充满时代气息，房里有股香甜的木头味。有一个美丽的花园（满是门球架），酒吧环境舒适，还有个桌球台。

Secret Garden（www.secretgardenunawatuna.com；乌纳瓦图纳）推开大门，你就踏入了一个美丽的避世植物园。酒店建筑已有140年历史，色彩斑斓的花装点着漂亮的客房，还有两栋物超所值的别墅。这里提供各种瑜伽和阿育吠陀的课程项目。

Freedom Lodge（freedomomega@yahoo.com；康提）四周满是高塔般的棕榈树，共有8间毫无瑕疵的客房，洗浴间可与豪华酒店媲美，餐厅菜品水准不俗。小店主人是友善的一家人，能真正带给你“家的感觉”。

Milano Tourist Rest（www.milanotouristrest.com；阿努拉德普勒）有着20世纪50年代末期的优雅风格，家具尽显高雅华贵，但价格非常合算。所有房间都铺着厚床垫，并配有电冰箱、卫星电视和现代浴室。还有一个可爱的小花园，客人可在草坪上用餐。

最佳高端住宿

Cinnamon Grand Hotel（www.cinnamonhotels.com；科伦坡）是科伦坡最好的大型酒店，坐落在Galle Rd后街的中心位置，较高楼层的房间可以饱览美丽的风景。设有健身中心、室外游泳池和一流的餐厅，服务也非常棒。

The Kandy House（www.thekandyhouse.com；康提）由于有许多异国风情的热带植物，这里的空气芳香四溢。酒店房间内的装饰都是荷兰殖民时期的古董，花园里的无边泳池仿佛与翠绿的稻田连成一片。但这里最少两天起住，不接待12岁以下的儿童。

The Sanctuary at Tissawewa（www.the-sanctuary-at-tissawewa-anuradhapura-sri-lanka.ww.lk；阿努拉德普勒）在英国殖民时期，这里曾是英国政府官员的官邸。经过精心修复，客房几乎拥有所有现代化生活设施。你可以在廊道的座椅上享受一个宁静的下午，俯瞰点缀着红木和柚木树的花园，和散步玩耍的孔雀和猴子。酒店的餐厅也称得上是镇上最好的。

Mirissa Hills（www.mirissahills.com；米瑞莎）位于小山上一个肉桂农场中央，水牛在绿得沁人心脾的稻田中散步，开屏的孔雀高傲地炫耀着它的美丽。住宿包括在种植园博物馆里的房间以及一栋现代的山顶寓所，海湾景色一览无遗。

Heritance Kandalama Hotel（www.heritancehotels.com；丹布勒）由著名建筑师杰弗里·巴瓦（Geoffrey Bawa）设计，是斯里兰卡酒店的代表作之一。酒店坐落在森林里，外墙和屋顶爬满藤蔓，和周围自然环境融为一体。无边游泳池可以俯瞰**Kandalama Wewa**的景色。在庭院里就可以遇到猴子和鹿，酒店也可以安排观鸟活动。

抵达斯里兰卡

☑ **独家贴士** 抵达住宿地的最佳方式见37页。

班达拉奈克国际机场（Bandaranaike International Airport）

➡位于科伦坡北部30公里的卡图纳亚克（Katunayake）。机场入境处（Immigration）标志明显。在到达和离开大厅有二十四小时运营的货币兑换服务和ATM、手机运营商等。

➡若从国内出发，北京、上海、广州、成都、昆明和香港都有直飞科伦坡的航班，飞行时间为6～8小时。其他城市可以选择从香港、曼谷、新加坡、吉隆坡等地中转前往科伦坡，转机航班耗时较长。

➡多数亚洲的航空公司都有飞往斯里兰卡的航班，包括极受欢迎的廉价航空——亚洲航空（Air Asia）。另外，也有多家航空公司在激烈竞争从印度到斯里兰卡的航线。

➡从机场前往科伦坡高速机场巴士（High express），票价Rs130，约需45分钟；出租车在Rs3000左右。前往尼甘布的机场公交240/3路从6:00到18:30运营，30分钟1班，票价Rs25，行程40分钟；出租车约为Rs1000。

当地交通

火车

☑ **优势……** 观景和打发时间。

➡火车的舒适度比汽车高，价格与汽车差不多。但除始发车站外，晚点是普遍现象。

➡火车时间表常有变动，官

网（www.railway.gov.lk）的时间仅供参考，建议提前半小时到火车站购票。在火车站可以提前30天购买车票。如果有可靠的当地人，可以请他代你购买。

➡除一等车厢外，其他座位先到先得。部分车次的二等车厢也可预订。在热门的“山地铁路”线（康提到巴杜勒），其一等观景车厢十分抢手，要尽可能提前预订，或购买可预订座位的二等车厢票。

长途汽车

☑ **优势……** 地道的当地体验。

➡CTB（Central Transport Board）的长途汽车车身有SLTB的标志。这些班车通常没有空调，票价低廉。它们占据了主要的长途和本地路线。

➡私营汽车公司可能有最新型的日产长途车，环境舒适，主要用于城际特快，但票价约为CTB汽车的2倍。

➡放行李的地方要不没有、要不很小，有时候要买行李票。

➡中央交通汽车的前两个座位是给“神职人员”（佛教僧人）预留的。为了确保有座位，尽可能在旅途的起始站上车。

包车

☑ **优势……** 舒适、高效又自在地观景。

➡计价有很多不同的方式，最简单的方法就是谈一个打包价，没有额外费用。价格一般为每天Rs7000到Rs9000（60美元是个不错的价格），燃油另计。

➡司机往往会劝阻你参观寺庙和其他没有油水的景点，或者把你带到他能拿回扣的住宿点去。但掏钱的是你，可以无视他的建议。

➡大多数司机希望得到10%的小费。

三轮车

☑ **优势……** 花销有限又省时省力。

➡三轮车也被称为“tuk-tuks”“bajajs”，它们几乎无所不在。

➡宾馆或者景点外门口的三轮车要价可能会高些，走到几百米外能便宜些。

➡通常三轮车的价格应不超

在斯里兰卡自驾

我们并不建议你在斯里兰卡自驾，除了当地车辆为右舵行驶之外，路况也比较混乱。乡下的道路往往很窄，而且坑坑洼洼的，永远要留心躲避行人、自行车和动物。即使迎面有汽车行驶，还是经常会有长途汽车、小汽车甚至卡车超车，非常危险。

另外，中国的自驾者办理相关手续也非常复杂。根据中国驻斯里兰卡大使馆网站2016年6月的最新消息，自驾旅行者除驾照原件和英文公证件外，还需将材料送往外交部领事司或授权部门办理认证后，再将材料送往斯里兰卡驻华使馆办理认证（俗称“双认证”）。抵达斯里兰卡后，携带上述材料至斯里兰卡交通管理局换发当地驾驶执照后，方可上路。

由于所需的相关手续时常变化，想了解最新的斯里兰卡驾照换发办法，可留意中国驻斯里兰卡大使馆官网（lk.china-embassy.org/chn）和斯里兰卡交通管理局网站（www.motortraffic.gov.lk）。

过每公里Rs150，施展你讨价还价的技巧，并且在你上车前说好价钱。但能打表的三轮车在科伦坡渐渐多了起来。

自行车和摩托车

☑ **优势……** 时间和路线可以自由安排。

➡ 在历史遗迹区域如阿努拉德普勒和波隆纳鲁沃，骑自行车是最好的参观方式。

➡ 在山区或海边骑行是一种享受，如努沃勒埃利耶周边的山地茶园、亭可马里到尼勒韦利的海边公路，和贾夫纳周边的小岛。

➡ 越来越多的酒店和客栈向客人出租自行车，普通自行车为Rs200~400/天，山地车视车况Rs1000起。摩托车通常为Rs1500~2000/天。

飞机

☑ **优势……** 不必把时间浪费在路上。

➡ 斯里兰卡的国内航线较少，班达拉奈克国际机场的航空服务由Cinnamon航空（www.cinnamonair.com）提供。目的地包括康提和亭可马里。

➡ 在要塞区（Fort）南部15公里处的Ratmalana空军基地，Fits Air（www.fitsair.com）和Helitours（www.helitours.lk）提供飞往贾夫纳的航班。

实用信息

签证

中国公民可办理斯里兰卡的电子签证或落地签证。

电子签证

去斯里兰卡旅行之前，可按照以下步骤获得有效期为30天的签证：

在抵达前10天前，登录斯里兰卡旅行认证电子系统（Electronic Travel Authorization System；www.eta.gov.lk）网站，按提示进行申请，用信用卡或借记卡付费。一般在3个工作日内得到回复，审批通过后，打印电子签证确认函。出入境时，携带电子签证确认函和护照即可。

落地签证

获取落地签只适用于从第三国前往斯里兰卡。凭往返机票或联程机票、旅馆订单或旅费证明等，在科伦坡班达拉奈克国际机场及汉班托塔国际机场办理落地签证。但排队的人较多，费用比电子签证贵5美元。

签证费用

斯里兰卡签证费用如下：

48小时有效过境签证是免费的

30天有效标准旅游签证需花费35美元

30天有效落地签证需花费40美元

签证延期

你的旅游签证可以更新两次，每次都是30天。如果在斯里兰卡的停留时间超过一般签证限定的30天，请联系斯里兰卡移民局（Department of Immigration and Emigration，☎011-237 5972；www.immigration.gov.lk）。要获得延期并不难，但需要经历一些烦琐的步骤并下载一些表格。

现金

☑ **独家贴士** 赌场的汇率较好，宝石店与中餐厅也可换汇。

➡ 中国的银联卡可通过覆盖全国的Commercial Bank自动柜员机提取卢比现金。汇丰银行（HSBC）在科伦坡、康提、尼甘布、贾夫纳和加勒有网点，可使用银行卡提现。

➡ 自动柜员机通常可以提取面额为Rs5000的纸币。但最好尽快找地方换成零钱，因为小商贩可能不会接受大面额纸币。

➡ 任何一家银行、货币兑换点都可以用现金兑换外币。与其他国家不同，在科伦坡机场内换汇的价格并不比私人换汇处差很多。

折扣卡

国际学生卡在斯里兰卡的认可度并不高。

电源

☑ **独家贴士** 市场和超市可以买到插头转换器，价格不超过Rs500。

电流为230伏，50赫兹。插头多样化。除了下图显示的常见插头图样以外，你也可能在房间里发现美标、欧标和英国的插头类型。

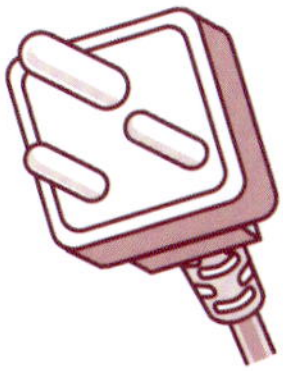

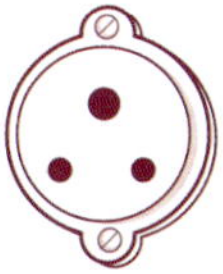

旅游信息

斯里兰卡游客中心[Sri Lanka Tourist Board（SLTB），www.srilanka.travel; 80 Galle Rd, Col 3; ⏲周一至周五9:00~16:45，周六至12:30]位于科伦坡的总办公室有彩色宣传册，工作人员还可协助预订酒店。

在斯里兰卡境内，可拨打电话1912咨询旅游信息。

营业时间

POI中未标注营业时间的意味着与下列时间相同。

银行 周一至周五，8:00至15:00

政府、私人部门及邮局 周一至周五，8:00至16:30（但可能会有变化）。

餐馆和咖啡店 每天7:00至21:00（或延长），酒吧23:00打烊。

商店 周一至周五10:00至19:00，周六10:00至15:00。

面向游人的商店和服务点 9:00至20:00。

节假日

拥有四大主要宗教信仰，斯里兰卡有许多节假日；所有的**波耶日**（Poya，月圆日）都是节假日，届时大部分营业场所会关门休息。

新年 1月1日

泰米尔收获节 1月14日，印度教收获节

独立日 2月4日

耶稣受难节 3月/4月

僧伽罗和泰米尔新年 4月14日

劳动节 5月1日

开斋节 7月，在斋月的最后

圣诞节 12月25日

电话

斯里兰卡国家代码 94

国际接入码 00

致电中国 +0086

厕所

☑ **独家贴士** 尽量使用餐馆、宾馆或者景区里的洗手间。

斯里兰卡的中、高端住宿点会有坐式抽水马桶。只有那种游人不多经济型旅店会有蹲式便池，并且不提供卫生纸。公厕并不多（有也会很糟糕），多数还要收费。

旅行安全

☑ **独家贴士** 单身女士可以考虑戴个假的结婚戒指来抵挡搭讪者。

斯里兰卡旅游业对外开放，游客可提前登录今日锡兰（www.ceylontoday.lk）网站查看安全局势。斯里兰卡北部的一些地区有时仍旧敏感，因此你可能会遇上一些路障和安全区。

就旅行安全方面，尽量不要在火车站、汽车站或市中心小贩和乞丐聚集的地区逗留。

斯里兰卡的公交车和火车常不关闭车门，不要像

避开"咸猪手"

城市间的长途汽车或热门线路的火车常常会人满为患，自然无法避免与其他乘客产生肢体接触。拥挤的长途汽车和火车上可能会出现"咸猪手"，连本地女性也无法幸免。如果出现这种情况，就换一个座位或者与本地女性坐在一起。如果你请一位本地女性坐在你旁边，她会理解。单独旅行的女性应避免晚上坐火车出行。

当地人一样挂在车门外，以免酿成惨剧。

无论白天、晚上还是走到较偏僻的地方，女子独自旅行都有被骚扰的可能。肢体骚扰（抓和摸）在任何地方都可能发生。女性单独出行还有被跟踪的危险，所以尽量与一大群人在一起。之前发生过好多起独行女性在景点被向导攻击的案例，所以再一次强调，女性最好不要单独出行。

紧急状况

☑ **独家贴士** 使馆可以为你推荐医院和医生。

中国驻斯里兰卡大使馆（☎0094-7 7928 8949，0094-11-268 8610；lk.china-embassy.org/chn；381A，Bauddhaloka Mawatha，Col 7；⏲周一至周五9:30~12:00，15:00~17:00）

报警电话 118、119

急救电话 108

残障旅行者

斯里兰卡对残障旅行者来说是个挑战，但乐于助人的斯里兰卡人总是愿意提供帮助。

如果你行动不便，那乘坐公共交通可能会很困难，汽车和火车没有为轮椅提供设施。除一些高端酒店之外，住宿点并不适合轮椅进出。但是，很多地方可以为残障旅行者提供无障碍的房间和卫生间。对于视障者来说，在城市里逛逛可能也很困难，普通道路没有盲道，也不要期待会有平坦的步行道。

斯里兰卡混乱的交通也是一个潜在的危险。因此，一个司机和一辆汽车是你最好的交通选择。如果可以的话，请与一位强壮、健全的旅伴同行。

语言

在斯里兰卡，僧伽罗语和泰米尔语为官方语言。虽然英语也是通用语言，但在较偏僻的地方，英语的使用就不那么普遍了。斯式英语有它自己的特点——"You are having a problem,isn' t it,no?"（你出现了问题，不是吗）就是一个例子。在任何情况下，几句僧伽罗语或泰米尔语都会有很大帮助。在这里，我们以僧伽罗语为例，列举一些日常短语。

僧伽罗语发音规则

当两个辅音放在一起时，它们的发音十分清晰，好像是分开的发音。与英语发音相比，字母t和d在僧伽罗语中的发音更弱，th发音与"thin"中的"th"类似，dh发音与"that"中的"th"类似，g与"go"中"g"的发音类似，r更像是舌头与上腭摩擦时发出的音——它与美式发音的"r"不同。至于元音，a与"cup"中的"u"发音类似，aa与"father"中"a"的发音类似，ai则类似于"aisle"中"ai"的发音，au则类似于"how"中"ow"的发音，e类似于"met"中"e"的发音，i类似于"bit"中"i"的发音，o类似于"hot"中"o"的发音，u则如"put"中"u"的发音。

基础

你好。	*aayu-bowan*
再见。	*aayu-bowan*
是的。	*owu*
不是。	*naha*
请。	*karuna kara*
谢谢。	*istuh-tee*
打扰一下。	*samah venna*
对不起。	*kana gaatui*
你叫什么名字？	*oyaaghe nama mokka'da?*
我的名字是……	*maaghe nama...*

住宿

还有空房间吗？	*kaamara thiyanawada?*
每晚多少钱？	*ek ra-yakata kiyada*
每人多少钱？	*ek kenek-kuta kiyada*
包早餐吗？	*udeh keh-emath ekkada?*
住一晚	*ek rayak pamanai*
住两晚	*raya dekak pamanai*
住一个人	*ek-kenek pamanai*
住两个人	*den-nek pamanai*

饮食

我们可以看下菜单吗？	*menoo eka balanna puluvandha?*
本地的特色是什么？	*mehe visheshayen hadhana dhe monavaadha?*
米饭和咖喱。	*bahth denna*
我是素食主义者。	*mama elavalu vitharai kanne*
饮料中不要加冰，谢谢。	*karunaakarala maghe beema ekata ais dhamanna epaa*
真好吃！	*eka harima rasai!*

紧急情况

救命！	*aaney!/aaeeyoh!/ammoh!*

叫医生来!	*dostara gen-nanna!*
报警!	*polisiyata kiyanna!*
走开!	*methanin yanna!*
我迷路了。	*maa-meh nativelaa*

购物及服务

什么时间开门/关门?	*ehika kiyatada arinneh/vahanneh?*
多少钱?	*ehekka keeyada?*
药物	*behe-yat*
银行	*bankuwa*
药剂师/药店	*faahmisiya*
使馆	*embasiya*
市场	*maakat eka*
邮局	*tepal kantohruwa*

时间及数字

现在几点了?	*velaave keeyada?*
上午	*udai*
下午	*havasa*
昨天	*ee-yeh*
今天	*ada (uther)*
明天	*heta*

0	*binduwa*
1	*eka*
2	*deka*
3	*thuna*
4	*hathara*
5	*paha*
6	*haya*
7	*hatha*
8	*atta*
9	*navaya*
10	*dahaya*
100	*seeya*
1000	*daaha*

交通及方位

下一班什么时候出发/抵达?	*meelanga... pitaht venne/paminenne?*
船	*bohtuwa*
汽车(城内)	*bus eka*
汽车(城际)	*bus eka nagaraantara*
火车	*koh-chiya*
我想下车。	*mama methana bahinawa*
我想要一张单程票。	*mata tani gaman tikat ekak ganna ohna*
我想要一张往返票。	*mata yaam-eem tikat ekak ganna ohna*
一等车厢	*palamu veni paantiya*
二等车厢	*deveni paantiya*
三等车厢	*tunveni paantiya*
公交车站	*bus nevathuma*
时间表	*kaala satahana*
火车站	*dumriya pala*
直走。	*kelinma issarahata yaanna*
左转。	*wamata harenna*
右转。	*dakunata harenna*
近	*lan-ghai*
远	*durai*

幕后

说出你的想法

我们很重视旅行者的反馈——你的评价将鼓励我们前行，把书做得更好。我们同样热爱旅行的团队会认真阅读你的来信，无论表扬还是批评都非常欢迎。虽然很难一一回复，但我们保证将你的反馈信息及时交到相关作者手中，使下一版更完美。我们也会在下一版特别鸣谢来信读者。

请把你的想法发送到**lonelyplanet.com/contact**，谢谢！

请注意：我们可能会将你的意见编辑、复制并整合到Lonely Planet的系列产品中，例如旅行指南、网站和数字产品。如果不希望书中出现自己的意见或不希望提及你的名字，请提前告知。请访问lonelyplanet.com/privacy了解我们的隐私政策。

声明

气候图表数据引用自Peel MC, Finlayson BL & McMahon TA（2007）'Updated World Map of the Köppen-Geiger Climate Classification', *Hydrology and Earth System Sciences*, 11, 1633-44。

封面图片：锡吉里耶（狮子岩），@视觉中国。

本书部分地图由中国地图出版社提供，其他为原书地图，审图号GS（2017）893号。

关于本书

这是Lonely Planet *Pocket Sri Lanka*的第1版。本书的作者为瑞安·维尔·贝克摩斯、斯图尔特·巴特勒和伊恩·斯图尔特。

本书为中文第一版，由以下人员制作完成：

项目负责 关媛媛
项目执行 丁立松
翻译统筹 肖斌斌 邹云
翻　　译 徐彬 张扬 范梦栩 李雨洁 单小凤 任世萍 黎虹 王萍
内容策划 何苗苗（本土化内容） 沐昀
视觉设计 李小棠 庹桢珍
协调调度 高原 沈竹颖
责任编辑 廖恬
地图编辑 马珊
制　　图 刘红艳
流　　程 孙经纬
终　　审 朱萌
排　　版 北京梧桐影电脑科技有限公司

感谢谭川遥、王歆、马红治、张茜为本书提供的帮助。

索 引

我们的故事

一辆破旧的老汽车，一点点钱，一份冒险的感觉——1972年，当托尼（Tony Wheeler）和莫琳（Maureen Wheeler）夫妇踏上那趟决定他们人生的旅程时，这就是全部的行头。他们穿越欧亚大陆，历时数月到达澳大利亚。旅途结束时，风尘仆仆的两人灵机一闪，在厨房的餐桌上制作完成了他们的第一本旅行指南——《便宜走亚洲》（*Across Asia on the Cheap*）。仅仅一周时间，销量就达到了1500本。Lonely Planet从此诞生。

现在，Lonely Planet在都柏林、富兰克林、伦敦、墨尔本、奥克兰、北京和德里都设有公司，有超过600名员工及作者。在中国，Lonely Planet被称为“孤独星球”。我们恪守托尼的信条：“一本好的旅行指南应该做好三件事：有用、有意义和有趣。”

我们的作者

何苗苗

内容策划 她曾在2010年造访斯里兰卡，用20天游历了西部和南部几乎所有的“热门地区”，其中山区苍翠连绵的茶园最让她流连，买回了大量的红茶，至今都没喝完。参与本书的编辑后，她又被北部和东部的“旅游处女地”吸引了目光，并伺机再次回到这片热情的土地。

瑞安·维尔·贝克摩斯（Ryan Ver Berkmoes）

2005年海啸过后，作为一名记者，瑞安·维尔·贝克摩斯来到斯里兰卡报道灾后状况。瑞安不仅感慨斯里兰卡在海啸后所表现出的强大适应力，更对这个宛若长期掩于历史阴影中的神秘岛国着迷不已。自那以后，瑞安开始往返穿梭在这个小岛上，遍寻最好吃的米饭和咖喱。也许他还有些更有趣的目标，不过类似于寻找米饭和咖喱的愿望，却从未消减。离开斯里兰卡的时候，瑞安住在波兰，或是俄勒冈州。瑞安是一名旅行者和作家，想要知道他的更多作品和故事，请关注ryanverberkmoes.com和他的推特账号@ryanvb。

了解瑞安的更多情况，请关注lonelyplanet.com/members/ryanverberkmoes

斯图尔特·巴特勒（Stuart Butler）

20世纪90年代初，出生于英国德文郡的斯图尔特·巴特勒在一次穿越亚洲的冲浪旅行中第一次来到斯里兰卡。这里的波涛和咖喱，让他一见钟情。从此以后，为了斯里兰卡的食物、沙滩、动物、海浪、人和山川，斯图尔特一次次地在这个小岛上徜徉。除了里兰卡，斯图尔特还曾游历南亚诸国，从东非的草原到北极圈的冻土带都曾留下他足迹。如今，他与妻子和两个小孩定居在法国西南部的海边。他的个人网站是www.uartbutlerjournalist.com。

了解斯图尔特的更多情况，请关注lonelyplanet.com/members/stuartbutler

伊恩·斯图尔特（Iain Stewart）

很多年前，伊恩就对斯里兰卡产生了兴趣，但这还是他第一次撰写这个国家的旅行指南。这次旅行的亮点包括横穿山地、茶叶种植园，长达1000公里的摩托车旅行，雄伟壮观的阿努拉德普勒圣城，与马克一起周游贾夫纳，观赏海中蓝鲸和陆地象群，在米瑞莎品尝新鲜的海鲜，在路边小摊吃美味的经典咖喱配米饭。

了解伊恩的更多情况，请关注lonelyplanet.com/members/lainstewart

斯里兰卡

中文第一版

图书在版编目 (CIP) 数据

斯里兰卡 / 澳大利亚 Lonely Planet 公司编；徐彬等译. -- 北京：中国地图出版社，2017.8
书名原文：Pocket Sri Lanka
ISBN 978-7-5204-0089-3

Ⅰ.①斯… Ⅱ.①澳… ②徐… Ⅲ.①旅游指南－斯里兰卡 Ⅳ.① K935.89

中国版本图书馆 CIP 数据核字 (2017) 第 175955 号

出版发行	中国地图出版社
社　　址	北京市白纸坊西街 3 号
邮政编码	100054
网　　址	www.sinomaps.com
印　　刷	北京华联印刷有限公司
经　　销	新华书店
成品规格	106mm×153mm
印　　张	6.75
字　　数	235 千字
版　　次	2017 年 8 月第 1 版
印　　次	2017 年 8 月北京第 1 次印刷
定　　价	46.00 元
书　　号	ISBN 978-7-5204-0089-3
审 图 号	GS（2017）893 号
图　　字	01-2017-4516

如有印装质量问题，请与我社发行部（010-83543956）联系